AF158505

Gerda
ein Hundekind erzählt

Lydia S.E.

Gerda

ein Hundekind erzählt

Bibliografische Information der Deutschen Nationalbibliothek:
Die Deutsche Nationalbibliothek verzeichnet diese Publikation in der Deutschen Nationalbibliografie; detaillierte bibliografische Daten sind im Internet über http://dnb.dnb.de abrufbar.

© 2016 Lydia S.E.

Illustration: **Lydia S.E.**
Bilder: **moments Fotografie**

Herstellung und Verlag: BoD – Books on Demand, Norderstedt
ISBN: 978-3-7412-8977-4

Waltrop  13. April 2013 um 15.28 Uhr

...pssst...noch ist Ruhe in der Wurfkiste.

Das ist aber nun schlagartig mit meiner Ankunft vorbei.

„Törö, da bin ich!"

Ich lande mit 425g in einem wunderschönen braunen Fell mit bestechlich blauen Augen. Aber warum sehe ich nix? Na weil ich Dummerchen ja noch die Augen zu habe.

Ich brauch mal ein paar Minuten um mich hier zu orientieren.

Die Milchbar ist besetzt, da hängen schon vier andere Welpen dran. Und es soll noch gewaltig eng dort werden, es kommen nach mir noch fünf von meiner Sorte. Ich brauch jetzt schon meine Ellenbogen um mich zur Milchbar durch zu kämpfen. Na das kann ja heiter werden. Es vergehen noch einige Stunden und so langsam herrscht hier in der Wurfkiste Ordnung. Nun kann man ein Strich drunter machen. Ich habe neun Geschwister. Alle sind wohl auf und munter.

Ein paar Stunden später hab ich ein rotes Halsband um und man verpasst mir den Namen

„Bette Midler Maelos of Midgard".

Ok, den Namen kann ja keiner aussprechen, der wird hoffentlich geändert und das mit dem Halsband wird mich noch länger begleiten.

Ich bin nicht mal 24 Stunden auf der Welt. Habe schon das Kommando unter meinen Geschwistern, ganz uneigennützig auf mich übertragen. Ich lasse mir nämlich hier garnüscht gefallen und wenn es nötig ist muss ich mich auch mal durchboxen. Es ist oft nötig.

Wir lernen uns kennen

Da geht die Tür vom Welpenzimmer auf und mitten im Raum stehen zwei Leute...schon älteres Baujahr, zumindest verrät mir das die Haarfarbe des Herrn. Was ich von der Frau halten soll weiß ich noch nicht.

Genau diese beiden sollen mein Papilie und meine Muddi werden. Naja man kann sich nicht alles im Leben aussuchen .

SIE voll hüsterisch am Kreischen und er traut sich nicht einen von uns anzufassen, könnt ja was kaputt gehen. Oha das wird ja was werden. So machen sie beide ja einen ganz netten Eindruck. Ich werde mich mal von meiner besten Seite zeigen, nicht das die sich das noch anders überlegen. Ich schlafe also. Zu unserem Glück bleiben die nicht so lange, war ja auch noch nicht viel mit uns los. Der Rhythmus hieß schlafen und nuckeln.

Es vergehen einige Wochen, jeden Tag kommt meine Muddi mich besuchen um mich abzuknutschen, da hätte ihr doch schon ein Licht aufgehen müssen, das ich nicht so auf diese Knutscherei stehe. Sie bleibt aber hartnäckig. Bevor die mich nach Hause holen können, wollen die nochmal in den Urlaub fahren, der letzte Urlaub ohne Hund. Meine Ziehmama Ela sollte immer Fotos schicken, damit sie jeden Tag sehen ob ich noch schöner geworden bin. Eines Tages kamen keine Bilder mehr.

Das hatte seinen Grund. Ich war ja nun nicht das artigste Hundekind im Welpenzimmer, naja und mein Hundepapa der Arun hat mich dann mal voll angemeckert und mir eine geballert. Nur weil ich das so ein kleines bisschen übertrieben habe . Da hatte ich eine Macke an der Nase .Und so konnte mich meine Ziehmama ja nicht knipsen. Die beiden wären ja dann sofort aus dem Urlaub zurück gekommen.

Die Macke ist nie wieder verschwunden, da wachsen heute 3 kleine weiße Haare, statt brauner .Ich find`s cool, Andere haben sowas wie Muttermale ,und ich hab eine Vatermacke .Nun bin ich neun Wochen alt, rotzfrech, aufgedreht und bereit aus meinem Welpenzimmer auszuziehen.

Ich verabschiede mich mal von meinen ganzen Geschwistern, und hab denen versprochen, das ich die mal besuchen komme. Ich glaube ja das meine Hundeeltern froh sind, das endlich Ruhe einkehrt. Ziehmama hat mein Koffer gepackt und ich sitze und warte, das meine beiden nun kommen und mich ab zu holen. Wie auch sonst stehen die eine Stunde eher auf der Matte als verabredet. Ich komm aus der Nummer eh nicht mehr raus und gebe mich mal dem hin was da so alles passiert. Hätte ich vorher gewusst, das ich die ihr erster Hund im Leben bin, hätte ich mir das glaube anders überlegt .

Man verpasst mir offiziell den Namen **GERDA**

Hab da mal nen Auszug aus dem Internet gefunden:

„Der Name kommt aus dem <u>Altisländischen</u> und bedeutet in etwa *die Beschützerin*. Eigentlich meint der Name *Einhegung* oder auch *Schutzzaun*. Erstmals kam der Name im 19. Jahrhundert in Deutschland auf, fälschlicherweise auch als Abkürzung zur Gestalt der <u>Gertrud</u> in <u>Hans Christian Andersens</u> Märchen "*Die Schneekönigin*". Er galt damals als modern und neu, heute wird er eher seltener gewählt. „

Und ich weiß definitiv das meine Sie gern die Schneekönigin als Kind geguckt hat, der Rest war dann wohl eher bei der Namenssuche Zufall. Sie bestreitet es.

Großes Abschiedsdrama im Hause Maelos. Nun stellen die mich auch noch auf den Tisch und ich soll schön gucken für ein letztes Foto .Mich nervt das alles. Papilie kann es kaum erwarten, endlich sein Gerdalein für immer mit zu nehmen. Der ist nämlich jetzt schon schwer verknallt in mich. Es geht ab ins Auto. Meine Muddi nimmt mich auf den Schoss um die 10km vom Welpenzimmer in mein neues Zuhause zu fahren. Ich sage kein Ton, guck nur aus dem Fenster während der Fahrt .Ich hoffe ganz dolle, das ich ein Glückstreffer lande mit dem neuen Zuhause….

.

Mein neues Zuhause

Das Auto hält an. Ich gucke nach rechts, ich gucke nach links . Meine Kinnlade fällt runter und ich sehe Papilie fragend an, ob das sein ernst wäre. Ich bin in einer Zechensiedlung gelandet mitten drin im Ruhrpott. Ich könnte heulen vor Wut. Deutschland ist sooo groß, sooo grün und sooo schön, warum hier?

Er trägt mich aus dem Auto bis zu dieser Tür. Ich bin nun gespannt, ob dahinter das Paradies ist. Sie lassen mich runter ,ich soll mir mein neues Zuhause allein angucken . Ich trete durch die Tür. Mein erster Blick geht in einen Garten, aber was sollen die ganzen Zäune und Absperrungen da ? Da steht ein großes Beet-abgesperrt, da steht ein riesiger Pool-abgesperrt ,da ist ein Loch im Zaun zum Nachbarn-abgesperrt. Was soll das bitte schön ?

Ich soll eine Runde durch den Garten laufen…und wenn es nach ihr ginge auch am besten noch pullarn. Ich renn dann mal los….

Stop! Mein Albtraum wird wahr, da kommt sowas schwarz-weißes auf mich zu gelaufen, macht ein Buckel und faucht. Aber ich hab ja vor nix Angst und renne drauf zu, mache eine Spielaufforderung nach der anderen , erst als ich auf den drauf hopsen wollte merke ich das sein Buckel kurz vorm Platzen ist. Noch bevor mein Papilie eingreifen kann, bekomm ich eine geballert. Aber vom Feinsten! Er hat den Namen Pippilotta. 7 Jahre alt und Kater von Beruf. Nun habe ich richtig Schüss und finde meinen Mitbewohner hier voll blöde. Meine Muddi hat den Aggrokater erstmal aus dem Garten gescheucht. Gepullart hab ich auch, vor Angst ins Fell. Es scheint, als hab ich das Schlimmste überstanden . Der Garten war inspiziert ,alles was spannend war, war abgesichert . Ich durfte hier nix. Es ging ins Haus...

Herrlich...hier sieht`s aus wie bei Ikea in der Kinderabteilung. Ein Bällebad, ein Haufen Plüschtiere und ganz viel Spielzeug. Bis auf diesen großen Drahtkäfig da in der Ecke im Wohnzimmer find ich das hier im Haus richtig cool. Das der Käfig für mich sein sollte, stellte sich nach sehr kurzer Zeit raus. Ich sollte da drin zur Ruhe kommen. Diese Kiste war mir unheimlich, ich bin doch nicht blöde, ich weiß doch genau, wenn ich erstmal drin bin geht Schloss und Riegel hinter mir zu .Und wenn ich großen Glück habe stellt man mir Wasser rein und schmeißt alle Tage mal ein Leckerlie durch die Stäbe. Beide waren sehr bemüht, haben es immer und immer wieder probiert. Ich geh da nicht rein !!!! Nur doof das ich noch nicht auf die Couch hopsen kann, die sieht voll gemütlich aus. Sie will ihr Ding mit der Kiste durchziehen .Papilie hatte nach fünf Minuten schon Mitleid mit mir. So läuft das also hier. Ich wohne erst ein paar Stunden hier und schon gibt es die ersten Meinungsverschiedenheiten bei den beiden. Man könnte es auch Zoff nennen. Wäre sinnvoll gewesen, die hätten sich mal vor meinem Einzug Gedanken gemacht über eine einheitliche Erziehungsstrategie. Für mich ist das gut so, ich merke ganz schnell wenn SIE „ Nein" sagt, brauch ich nur zu meinem Papilie gehen.

Der sagt zwar auch erstmal „nein", meint das aber nicht wirklich so.

Das erste Machtspiel habe ich gewonnen. Ich krieg ein Körbchen hingestellt. Da bin ich rein und hab erstmal eine Stunde zufrieden gepennt. Wach wurde ich weil es extrem eng im Körbchen wurde. Ich blinzelte durch ein Auge und sprang mit großem Gebrüll hoch..."Herr im Himmel!!!!"...was ist das denn nun schon wieder ? Noch ein Katzenvieh! Bin ich hier bei Katzenmessies gelandet? Der liegt hier schnurrend neben mir und macht keine Anstalten hier mal ein Stück zur Seite zu rutschen. Zumindest hat er Manieren. Stellt sich ordentlich bei mir vor. Er heißt Karl-Inge, ist ein Kater-Teenager. Kommt aus Norwegen, darum haben sie den auch diesen bekloppten Namen verpasst.

Wir verstehen uns von der ersten Minute an sehr gut.

Mein Revier

Es ist Nachmittag und die Sonne scheint, also soll es meinen ersten Ausflug zum Kanal geben. Das wird der Ort sein, den ich in den nächsten Jahren täglich besuchen werde. Also quasi mein Revier. SIE schnallte mein Halsband um und es ging zum Auto. Aber wieso macht Muddi da jetzt die Kofferraumklappe auf? Heute Vormittag , wo sie mich abgeholt haben, durfte ich doch auch vorne auf ihrem Schoss sitzen ? Papilie erklärte mir, das ich als „

Sache" ordentlich im Auto zu sichern sein. Im Kofferraum stand so ein riesiger Hundekäfig! Ich dachte da kommt ein Tiger rein. Von wegen, der war für mich gedacht. Die machten ernst und packten mich in diesen Käfig. Das Auto rollte von der Einfahrt und kam genau 20m auf der Straße vorwärts. Ich fing an ein riesiges Theater zu veranstalten und zeigte das ich irgendwann mal vom Wolf abstammte. Ein Gejaule und Gejammer ging los, voll die dicken Krokodilstränen drück ich mir raus. Papilie ging in die Eisen. Die dachten, ich habe mir was getan in diesem Käfig. Hatte ich aber nicht, ich wollte einfach nur vorne sitzen. Sie stieg aus und guckte nach mir. Fand aber nix, was mein Theater erklären könnte. Also wurde das Auto wieder gestartet. Fünf Meter weiter, stand das Auto wieder und ich saß vorne. Der Tigerkäfig blieb leer. Ok, soweit hab ich das schon mal geklärt mit den beiden. Nach einigen Minuten ruhiger Fahrt auf ihrem Schoss waren wir an meinem Kanal. Bei allerschönstem Sonnenschein ging es spazieren . Also wer Kontakt und Anschluss sucht, sollte mit einem dicken Labbiwelpen am Wochenende am Kanal flanieren gehen. Es gab kaum einen Spaziergänger der nicht gesagt hat „ hach was ist die süß" .

Ja meine beiden waren voll stolz und wären am liebsten stundenlang am Kanal entlang mit mir bis zur Nordsee gelaufen. Ne kurze Zeit später hatte ich kein Bock mehr .Ich setzte mich hin und streikte. Und nein, wenn ich streike geh ich keinen Zentimeter mehr. Also ging es den ganzen Weg zurück auf Papilies Arm .Die Rückfahrt versuchten die mich ernsthaft wieder in den Käfig zu stecken, aber diesmal haben sie noch nicht mal die Kofferraumklappe unten gehabt, da hab ich schon jämmerlich geheult.

Ende vom Lied, der nagelneue Hundekäfig fand sich bei so einem großen Auktionshaus wieder. Ich bekam für die nächste Zeit ein Anschnallgurt und durfte ab dem zweiten Tag in meinem neuen Zuhause die Rückbank vom Auto mein Eigentum nennen.

Zu Hause angekommen lernte ich auch meinen Zweibeinbruder kennen. Das ist der Pauli. Pauli ist schon ein ganz großer, der ist fast zwei Meter hoch .Aber der kommt immer nur ab und an am Wochenende nach Hause, der ist auswärts arbeiten. Ich brauchte keine zwei Minuten und er war bis über beide Ohren in mich verknallt. Das ist ja jetzt auch nicht schwer. Dann gab es endlich Abendbrot. Sehr sehr übersichtlich. Es bestand aus so ein paar Krümel Trockenfutter, mehr war nicht zu kriegen. Mein erster Abend im neuen Zuhause brach an. Auf die Couch schaff ich es ja leider noch nicht. Wobei meine Muddi meinte ,das ich das garnicht versuchen sollte. Hier dürfen keine Hunde auf die Couch. Also legte ich mich in mein Körbchen neben der Couch. Und in dem Moment entwickelte ich meine beste und sicherste Waffe.

Der Gerdablick

So lag ich da nun gottverlassen und allein in meinem Körbchen, während die beiden sich schön dick und fett auf der Couch hinlegten. Sie blieb hart also musste Plan B her. Ich ninnerte ein bisschen herum und guckte zu den beiden hoch auf die Couch mit genau diesem Blick...dem Gerdablick. Es dauerte alles in allem drei Minuten und ich war eingekuschelt in einer Decke zwischen den beiden auf der Couch.

Ich hab sie voll im Griff.

Und von dem Wort Konsequent, sind sie beide meilenweit entfernt, zu meinem Glück. Irgendwann ging der Fernseher aus und wir verschwanden alle drei im Schlafzimmer. Da stand dann das nächste Körbchen für mich, so richtig mit Kissen und Decke. Die haben ja Urlaub und so stand fest, das mein Papilie die Nachtwache übernehmen muss. Wir lagen alle im Bette. Ich in meinem die beiden in ihrem. Ich kann nicht schlafen .Sie schob mein Körbchen zu sich ans Bett ran und lies ihre Hand über mein Bett baumeln. Es half aber auch nix. Ich ninnerte rum. Papilie hoch gesprungen, Licht an und geguckt. Aha meine Chance! Sofort den Gerdablick aufgelegt. Er kann mir ja nun überhaupt nicht wiederstehen. So schnappte er mich und trug mich die Treppen runter. Er dachte ich musste pullarn. Im Garten war es mir zu dunkel zum pullarn, außerdem hab ich Angst gehabt, das dieser Pippilotter auftaucht im Dunkeln. Also trug er mich wieder ins Schlafzimmer in mein Körbchen. Ich war einige Minuten ruhig. Allein im Körbchen fand ich voll doof, also ninnern. Licht ging erneut an, Papilie guckte wieder nach mir, während von meiner Muddi nur noch ein Geschnarche zu hören war. Ich gucke ihn ganz tief in die Augen mit dem Gerdablick. Geschafft! Ich lag zwischen den beiden im großen Bette und hab mitgeschnarcht. Den ersten Tag hab ich gut gemeistert hier und kann behaupten, das ich schon alle um den Finger gewickelt habe...mein Leben kann beginnen!

Termine, Termine, Termine

Hilfe nee. Kaum wohnste hier, haste schon einen vollen Terminkalender.

Früh steht drin Frau Doktor besuchen und Nachmittag Baumarkt. Nun kann man das bei mir ja nicht an einer Zeit festmachen. Es richtet sich danach wann ich meinen Berg gelegt habe. Wäre ja meiner Sie nun mal wieder mega peinlich, wenn ich das bei Frau Doktor in der Praxis machen würde Naja zwischen 10 und 11 Uhr war ich dann soweit. Wir konnten hinfahren zum ersten Termin. Die Frau Doktor sollte mich ja nur mal so kennen lernen. Da hab ich mir eine ganz nette ausgesucht. Die hat an mir rumgetätschelt und Kekse hab ich auch gekriegt, weil ich alles so schön mitgemacht habe. Die ganzen Helferinnen da, waren schwerst verliebt in mich. Jede musste mich mal streicheln und knuddeln .Diagnose: ich bin topfit . Den Termin kann ich abhaken. Nur Nachmittag im Baumarkt fand meine Muddi das nun weniger lustig .Papilie setzte mich in den Wagen und schob mich durch den Baumarkt .Paar Minuten spät, wurde ich nervig. Ich wollte aus dem Wagen und schnüffeln. In der Holzabteilung war alles gut ,ich stoppte da wo die großen Rollen Auslegware an der Wand hingen. Hockte mich hin und machte einen Berg .Einen Großen .Was macht meine Muddi ? Lässt Papilie und mich da stehen und rennt weiter mit hochroten Kopf als ob die uns nicht kennt. Nach einer halben Stunde haben wir uns alle am Auto wieder gefunden. Was die sich aufregt, die musste doch den Baumarkt nicht putzen. Der Onkel vom Baumarkt, dem Papilie das beichten musste, hat gelacht, aber sicher nur, weil der auch nur die Putzfrau ausrufen lies.

In dieser Woche hatte ich noch ein ganz wichtiges Date…ich hatte Probestunde im Hundekindergarten! Dahin soll ich demnächst abgeschoben werden, wenn Muddi einen langen Arbeitstag hat .Den Hundekindergarten haben sich beide schon vor ein paar Wochen angeguckt, und den für mich als geeignet eingestuft.

So mit richtigen Namen heißt das „ Pfötchencamp". Da dürfen Hundekinder hin gehen von früh bis abends, manche dürfen da auch schlafen. Wir haben eine riesige Wiese zum Toben, dann gibt es sogar einen großen Indoorspielplatz mit Sand falls es mal regnet. Sie brachten mich eines morgens dahin. Meine Kindergartentante ist voll cool, die hat mich dann genommen und mir alles gezeigt und meine beiden sollten mich gegen Mittag wieder abholen. Für die war das glaube ganz furchtbar, als ich meinen ersten Kindergartentag hatte. Aber ich erlebte den bis dahin schönsten Vormittag meines Lebens. Ich liebe meinen Hundekindergarten heute noch und dreh vollkommen ab, wenn meine mich dahin bringt.

Die letzten Tage verliefen hier alles andere als ruhig. Muddi merkte auch schon, das so eine Hundeerziehung nicht mit dem Lesen von so einem schlauen Buch getan ist. Und das Beste für mich als Hundekind ist, das beide ja kein Plan von der Materie „ Hund" haben, also sie fängt an mit Erziehung und mein Papilie kommt immer mit dem Argument, lass die Gerda in Ruhe die ist noch viel zu klein. Das hab ich sowas von schnell gecheckt und nutze das volle Pulle aus. Da ist dann hier schon mal dünne Luft , ganz dünne Luft! Aber Muddi ist ein harter Brocken .Papilie ist schlau, der gibt nach und denkt sich sein Teil, bevor hier irgendwas eskaliert.

Meine erste Schwümmstunde

Ich glaube es nicht, ich darf heute mit zum Hundeschwümmen. Das erste mal im Leben. Muddi meint mit 4 Monaten sollte ich schwümmen lernen. Sie packt die Decke und mein Trinken ein. Spielzeug brauch ich nicht, für sowas interessier ich mich nicht wirklich. Allerdings hatte sie absolut keine Vorstellung was abgeht, wenn sich 20 Labbis an einem See treffen. Ich krieg mein K9 Geschirre umgeschnallt, das machte sie nur um sich nicht so zu blamieren, weil die Geräusche die ich abziehe wenn ich das Halsband umhabe, ihr furchtbar peinlich sind. Ich röchle wie ein alter Gaul und jeder denkt ich ersticke gleich. Auf dem Parkplatz angekommen, ausgestiegen und ich war am abdrehen. Da sind Millionen Hunde. Muddi wäre am liebsten sofort wieder ins Auto und den Weg gefahren wo wir grade herkamen. Papilie hat sich aber durchgesetzt. Die Leine übergab sie darauf ihm mit den Worten" hier dann kümmere dich um DEINEN Hund". Am Wasser angekommen musste ich auf der Decke sitzen. Mein Geschirre abgemacht und ich kriegte mein Halsband um. Ich blieb angeleint. Beim Anblick der ganzen Labbihorde hatte sie Angst die würden mich alle um trampeln. Zu meinem Glück waren da alles voll coole Leute, die meine Muddi überzeugt haben, das ich da ruhig mal mit laufen darf. Ganze drei Minuten funktionierte das und ich saß wieder auf der Decke, angeleint. Nein, im Wasser war ich noch nicht einmal. Ich sortierte lieber die Schuhe auf den Decken der ganzen Leute. Daraufhin musste Muddi die alle zurück sortieren gehen. Nach kurzen Zeit haben sie das beide nochmal probiert, aber auf Wasser habe ich kein Bock. Ich hab da ganz viele neue Freunde gefunden, einer davon hieß Apachi. Der war schon groß, sehr groß, aber der hat mit mir ordentlich gespielt. Meine die ganze Zeit am grübeln, wieso ich nicht ins Wasser will, ich bin doch ein Labbi. Da schnappt die mich und bringt mich ins Wasser. Stellt mich einfach ohne Vorwarnung darein. Hilfe...ich hatte Panik das ich ersaufe, immerhin ging mir das Wasser da bis zum Knöchel. Ich mache ein unglaubliches Theater, alle gucken schon und lachen. Das juckte mich aber nicht, ich will da sofort raus! Sie gab nach um sich nicht weiter mit mir zu blamieren. Kurz danach sitze ich im Auto auf den Weg nach Hause. Ich höre nur beide diskutieren, wie sie beratschlagen, das ich unbedingt schwümmen lernen muss, solange es noch so warm ist.

Das leidige Thema „Leine"

Es ist Spätsommer und an der Zeit mir was bei zubringen. In ihren schlauen Büchern stand geschrieben, das Hundekinder früh an die Leine gewöhnt werden sollten. In ihrem Kopf lief das so ab. Man nehme das Hundekind, geht mit dem ein paarmal mit der Leine spazieren und dann können die das. Naja...ich sag mal soviel dazu, das ich ihr den Gedanken bis zum heutigen Tag versaut habe. Ich geh zwar an der Leine, aber eher so zwei Meter straff vorne weg und zieh sie ständig hinterher. Oder renne, wenn ich eine Spur habe auch mal im Zickzack.

Wir hatten Besuch, ihr Neffe Hannes hat eine Woche bei uns Urlaub gemacht. Da kam ihr die glorreiche Idee, das ich auf unserer heutigen Runde mal ohne Leine laufen darf. Hannes, Pauli, Papilie und Muddi, alle mussten mit. Könnte ja sein das ich abhaue und vier Zweibeiner mich besser einfangen könnten. Wir liefen am Kanal, sie guckte ob auch keiner kommt. Nun macht sie mir echt die Leine ab! Oh nein...ich wäre lieber dran geblieben Die benimmt sich wie ein hysterisch altes Weib. Das ging in einer Tour „Gerda nein", „Gerda hier", „Gerda Vorsicht". Es geht mir dermaßen auf den Keks. Ihr Getue ist einfach nur noch mega peinlich.

Hatte die Angst ich könnte von einem Grashalm erschlagen werden oder eine Schnecke beißt mich? Den drei Männern war das auch gewaltig zu blöde, was sie da ablieferte. Sie schaffte es nervlich nicht und so war ich nach zehn Minuten Freigang wieder an der Leine.

Besuch

Seid ein paar Tagen bin ich absolut stubenrein und das mit 5 Monaten, da sind sie hier mächtig stolz drauf. Mir ist kein einziges Malör mehr passiert. Heute ist irgendwie komisch, Muddi schmeißt mich schon früh aus dem Bette. Dann geht's nur ne kurze Runde an der Leine durch die Straße. Zu Hause wieder angekommen, werde ich frisiert und muss mir ein Tuch umbinden. Sie meint der erste Eindruck zählt und der soll heut besonders gut sein. Wir kriegen Frühstücksbesuch.

Meine Ziehmama Ela hat sich angemeldet , ich glaube sie will mal gucken, wo ich so gelandet bin und wie es mir geht. Es folgte wieder diese Predigt : „ Gerda benimm dich..sei lieb und mach mal die Kommandos mit, die wir tagelang eingeübt haben". Sowas wie Pfote geben und Sitz und Platz kann ich nämlich schon. Es klingelt , Muddi ist erleichtert, daß ich nicht gleich zur Tür stürme, sondern artig im Körbchen warte. Zumindestens saß ich da , bis ich die Stimme erkannte. Ich gab alles, von anspringen, umrammeln und hochklettern zur Begrüßung. Meine hatte die Wutlocken schon wieder am Kopf hängen. Nachdem ich mich einigermaßen wieder eingekriegt habe, saß ich brav bettelnd neben den beiden, während sie frühstückten. Die Ziehmama war der Meinung das ihr Frühstücksei meins werden sollte. Ich habe sowas noch nie gehabt. Hätte ich auch nie im Leben haben dürfen, wenn heute nicht die Ela da wäre. Muddi hatte Kopfkino , ein ganzes Ei, gekocht und mit Schale. Sie war der Meinung sowas kann Hund doch nicht essen. Das schien nicht in ihren schlauen Hundebüchern zu stehen, das sowas geht. Das Ei lag vor mir, ich bewunderte es eine Ewigkeit, wahrscheinlich wartete ich aufs Küken .Da schlüpfte aber nix und so rollerte ich das Ei durch die Küche und donnerte immer mit meinen dicken Pfoten drauf. Es knackte. Das Ei war zerbrochen. Binnen fünf Sekunden war es verschwunden .Es war mega lecker. Muddi guckte mich erstaunt an. Ich konnte in den Augen lesen, das sie sich auf dem Weg in die Tierklinik befand in der mir der Bauch aufgeschnitten wird, weil man mir Eierschale irgendwo rausholen musste. Es passierte nix, garnix. Von dem heutigen Tag an, bekomm ich jeden Sonntag mein Frühstücksei. Danke dir dafür Ela. Es vergingen Stunden, weil wenn sich so ne Weiber einmal festquatschen, merken die ja nix mehr. Und die haben auch nicht mitgekriegt, wie ich ninnernd vor der Tür stand die in Garten führt, weil ich so dringenst pullarn musste. Mir stand das Wasser schon bis zum Hals. Ich hab sie des öfteren gewarnt, aber sie kricgten nix mit. Ok, was soll ich anderes machen, also pullarte ich direkt unter den Tisch an dem die beiden saßen und quatschten. Ich selber fand das ja nun auch ekelig und unwürdig. Wer pullart sich schon gern freiwillig ins Fell? Und keine zwei Stunden vorher, ließ sie sich noch feiern, das ich schon stubenrein sei...Soviel dazu !

Zum Abschied wollte Ela noch ein Bild von mir machen und holte ihre Knipsmaschine raus. Ich mich schön hingesetzt und in die Kamera gestrahlt. Ein wunderschönes Foto entstand. Und gleichzeitig war das der Beginn meiner Modelkariere. Denn nun musste Muddi auch so ein Teil haben.

Weltbestenschwümmerin

So langsam geht der Sommer zur Neige. Zu meinem Glück hat Papilie ein Krankenschein und vor mir stehen total schüllige Tage. Heute hat er beschlossen , ich soll Weltbestenschwümmerin werden. Ich bin ja nun auch stolze Besitzerin von so einem Leuchtturm. Bisher hat der bei mir noch kein Wasser gesehen, der wird nur von mir durch den Garten geschleppt. Muddi ist arbeiten und ich beginn den Tag mit einem gemeinsamen Frühstück mit Papilie. Damit er nicht so allein am Küchentisch sitzen muss, hebt er mich auf ihren Stuhl. Ich darf alles essen, was er auch isst. Dabei macht er nur den Fehler und knipst das und schickt ihr das Bild auch noch auf ihr Handi. Keine zwei Minuten später geht bei ihm das Telefon und am anderen Ende hörste nur noch eine keifen. Von wegen, sie erzieht mich und er macht alles zu nichte. Da muss ich ihn aber auch mal in Schutz nehmen, das mit dem erziehen ist ihr auch noch nicht gelungen. Wir fahren zum Kanal und mein Leuchti kommt mit. Papilie schmeißt mir den ins Wasser, immer so fünf Zentimeter vor meine Füße. Kein Problem für mich. Nach zehn Minuten schmeißt er ihm mittlerweile schon fünf Meter vor mir ins Wasser. Hab ich das doch echt nicht gemerkt, dass ich grade Schwümmerin geworden bin . Er ist mega stolz auf sein Gerdalein. So nennt man mich hier wenn ich was ganz besonders gut gemacht habe. Den Namen höre ich sehr selten. Wäre Muddi dabei gewesen, hätte ich nicht bis zu den Knien ins Wasser gedurft, ohne ihre panischen Attacken. Ich könnt jede Minute ertrinken und Papilie hätte wahrscheinlich mit einem Rettungsreifen ins Wasser gemusst um mich rauszuholen. Er drehte ein Video wie ich aus dem tiefen Wasser den Leuchti hole und schickte es ihr…..ich klatsch nur die Pfote an die Stirn ,schüttelte den Kopf und weiß was gleich kommt. Wir sitzen beide am Ufer und starren aufs Handi und warten auf den Anruf. Es klingelt aber nicht sofort. Es dauerte für sie ungewöhnlich lange…genau genommen drei Minuten, da bimmelte es. Leck mich an die Füße, das war eine Ansage. Man könnte meinen , sie hätte vor 50 Jahren beim Bau des Kanals mitgewirkt. So genau konnte sie über Untiefen, Strömung und den Aufbau einer Schiffsschraube und deren Gefährlichkeiten alles präzise vorhersagen. Natürlich in einer Lautstärke, die sogar über den Kanal schallte. Dabei ist sie selber erst vor ein paar Jahren übergesiedelt in den Ruhrpott, und hat von der Materie „ Kanal" absolut keine Ahnung .Würde sie nie zugeben. Papilie ist quasi am Kanal geboren im Gegensatz zu ihr.

Mein Flokati

Nun fang ich das Spinnen an. Ich möchte nicht mehr bei den beiden mit im Bette schlafen. Mich nervt das dort. Und da ich nachts ja nicht mehr in Garten muss zum pullarn, darf ich ab heute auf der Couch liegen bleiben wenn die ins Bette gehen. Dieser Käfig flog schon vor Tagen aus dem Wohnzimmer, ist nur ein Staubfänger und außer Karl-Inge geht da keiner rein. Ich besitze zwar auch noch ein Körbchen das im Wohnzimmer steht, aber auch das interessiert mich weniger. Da muss ich immer rein, wenn es klingelt und soll dort ordentlich sitzen bleiben und warten. So war zumindestens die Grundidee. Natürlich ging das auch in die Hose. Ich bin zu neugierig und latsche immer hinterher. Das Kommando „ bleib" funktioniert nur, wenn ich im Körbchen sitz und auf das Leckerlie warte. Ihr ist nicht so wohl bei dem Gedanken das ich im Wohnzimmer nachts allein liegen will. Sie versuchen mich noch ein paar Tage von zu überzeugen, das es besser wäre wenn ich doch mit in die ihr Bette komm. Neee, ich will nicht. Ich ninnere da nachts rum und irgendwann trägt mich Papilie ins Wohnzimmer und ich bin sofort ruhig und schlafe ein. Nur kann die dann im Bette nicht schlafen, weil sie immer lauschen muss, ob ich in der unteren Etage keine Dummheiten mache. So geht das einige Zeit und sie müssen einsehen, das es mir nachts alleine, ohne die beiden, besser geht . Falls ich es mir doch noch anders überlegen sollte, wurden alle Türen die vorhanden waren mit Kinderabsperrgitter verriegelt. Ich darf doch die Treppen allein nicht hoch laufen. Ich war also demnach eingesperrt bei offenen Türen. Diese Aktion fand ich ja nun dermaßen übertrieben. Und wenn hier Besuch kam, die mussten erst durch etliche „Schleusen" gehen um ins Wohnzimmer zu kommen. Nur den Katern juckte das wenig, die hopsten einfach drüber. Ich habe ja, bis auf einmal, nie etwas zerstört. Weder Tapete noch sonstiges interessierte mich und so kramte sie ihren guten „Flokati" raus, den sie vor meinen Einzug vorsichtshalber aus meiner Reichweite brachte. Der Flokati war nix anderes wie so nen Teppich , sah irgendwie wie ein Schafsfell aus, war aber natürlich nix echtes, kann die sich hier garnicht leisten. Flokati wurde mein Schlafplatz, ich liebte dieses Teil. Seine Ursprungsfarbe war schneeweiss, ich schaffte es in ein paar Tagen ihn umzufärben auf schlammgrau. Wenn ich so vom Kanal kam, war mein erster Gang auf meinen Teppich. Man kann sich gut vorstellen wie er roch. Mit jeder Wäsche verlor er Fell....irgendwann löste er sich auf.

Meine erste Delikatesse

Es regnet, darum geht die Runde heut in den Wald. Ab und an lauf ich ohne Leine, aber nur dort wo sich mich im Blick hat und jederzeit einfangen kann. Es hat lange gedauert aber sie hat eingesehen, dass ich auch mal ohne Leine laufen muss, damit ich alles untersuchen kann. Wirklich alles! Da hatte doch echt so ein Fuchs mitten auf den Weg gekackt. Hab das schon von weitem gerochen, bin ran und mit nem großen Haps war der Berg verschwunden in meinem Mund. Sie war kurz vorm Nervenzusammenbruch. Ohne drüber nachzudenken, reist die mir mein Mund auf und gräbt den Berg mit der bloßen Hand wieder raus.

Ich wurde aufs Übelste beschimpft, sie nannte mich sogar „ alte Drecksau"!!! Alles hat sie nicht rausgekriegt. Ein Teil konnte ich schnell noch runterschlucken. Der Rest lag wieder vor mir und ich kriegte Mäcker vom Feinsten. Zu ihrem Glück waren überall riesige Pfützen so dass sie sich die Fuckskacke von den Hände waschen konnte. Aber in der Zeit wo sie mit lautem Gebrüll ihre Hände sauber schrubbte, ließ ich mich in die Fuchskacke fallen. „Boah voll geil", einmal von links und einmal von rechts. Mein Gehirn war ausgeschaltet. Sendepause. Sie hob den Kopf , guckte zu mir rüber und rannte mit einem Affenzahn auf mich zu und versuchte mich von dem Haufen weg zu schupsen. Ich konnte nicht reagieren, ich war benebelt. Ich hab sie bis dahin noch nie so wütend erlebt. In Sekunden war ich an der Leine und es ging zum Auto. Kein Ton redet die mit mir. Noch schlimmer wurde die Wut, wie sie checkte dass ich so kackebeschmiert im Auto ja auf den Rücksitz musste. Nicht das ich nur nass war, es klebten Batzen von Fuchskacke an mir. Das Auto war versaut. Nach 10 Minuten Rückfahrt, dampfte es da drin und ihre Augen tränten schon vom beißenden Geruch. Mich hat das nicht gestört, im Gegenteil. Zu Hause angekommen, rubbelte sie mich ab mit einem Handtuch .Das liegt nun im Mülleimer. Aber soll ich mal was sagen? so Fuchskacke ist echt hartnäckig, der Geruch sitzt tief und fest. Was ein wunderschöner Duft. Ich legte mich auf meinen Flokati und schlafe tiefen entspannt. Weils heut so nass und kalt draußen ist, macht sie den Kamin an. Mein Fell trocknet immer ewig nicht. Der Kamin brennt und mit jedem Grad mehr in der Bude trockne ich und stinke noch mehr. Papilie kommt von der Arbeit macht die Tür auf und würgt. Zehn Minuten später nötigte man mich in Pauli sein Badezimmer mitzukommen. Der hat doch ein separates Häuschen im Garten bei uns, da wohnt er drin .Und in seinem Badezimmer steht eine Wanne die war halb voll mit Wasser .Ich sollte da ernsthaft rein. Hundeshampoo oder sowas gibt's hier nicht. Die waren ja bis gerade der Meinung, dass man kein Hund baden braucht. Papilie hebt mich in die Wanne. Ich mach ein Zirkus als wolle man mich ersäufen. Ich will da nur noch raus. Aber die beiden sind hartnäckig und so ergebe ich mich meinem Schicksal und lass das Wasser über mich laufen. Der Spuck war schnell beendet, ich durfte raus. Das Bad sah schlimmer aus wie ein Schweinestall. Hund schüttelt sich ja wenn er nass ist. Und so ganz ging auch beim Baden die Fuchskacke nicht raus. Der Geruch blieb. Bis zu dem Zeitpunkt als die mit dem Fön ankam, hab ich das ja alles noch irgendwie halbwegs mit gemacht .Da war aber Schluss. Der Fön war ganz schnell wieder aus und ich wurde trocken gerubbelt. Ab ins warme Wohnzimmer auf mein Flokati. Somit hatte ich heute zweimal Prämiere .Ich lag das erste mal im Kackhaufen und war das erste mal Baden. Dabei wird es aber nicht bleiben.

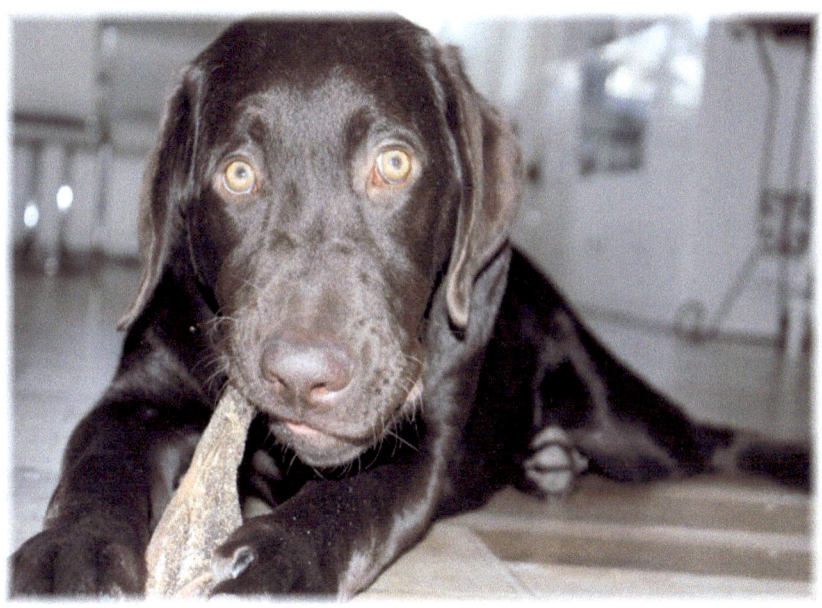

In unserer WG läuft soweit alles easy, wenn nicht der blöde Aggrokater Pippilotta hier wohnen würde. Der mag mich überhaupt nicht. Jedesmal mach ich einen neuen Anlauf um mich mit dem anzufreunden, was ist der Dank? Ich kassier ständig ein Backensolo vom Feinsten von dem. Heute hat er es übertrieben. Da lag ich schlafend mit Karl-Inge auf meinem Flokati. Da schleicht der sich an, tut ganz harmlos und im vorbeigehen hat er mir die Kralle durchs

Gesicht gezogen. Ich schrei auf wie blöde, der haut sofort ab . Und nun kommt`s. Da kommt Muddi in ihrer Höchstgeschwindigkeit angewackelt und die dachte echt ich hätt mich mit Karl-Inge gezofft und meint zu mir „Gerda lass den Kater in Ruhe", der ist doch kleiner wie du. Das ist so typisch hier .Da fragt keiner was wirklich war. Nein ich krieg sofort die Mäcker ab. Aber das wird der doofe Pippilotta mir noch büßen.

erste Erziehungsversuche

Die ganze Woche stand hier unter dem Motto "Gerda soll lernen, mal eine Stunde allein zu bleiben" .Das lief folgendermaßen ab. Sie schickte mich mit einem Lecker ins Körbchen und sagte bleib", dann verschwand sie durch die Küchentür die ja nach draußen in Garten führt. Ich hinterher, aber nicht um rum zu heulen, das sie mich hier allein verwahrlosen lässt. Neee im Gegenteil, ich wollte mich nur überzeugen , ob die auch wirklich weg ist. Da hab ich geguckt, keinen mehr gesehen und bin mit Karl-Inge auf die Couch gesprungen um zu schlafen. In dieser Zeit musste ja immer Pippilotta ausgesperrt werden. Sie hatte wohl Schüss, das es hier sonst Mord und Totschlag geben könnte. Den ersten Tag ging das Spiel zwei Minuten , dann stand Muddi schon wieder drin. Ich runter von der Couch und geguckt, was sie vergessen hat, das sie schon wieder in der Küche steht. Sie hatte nichts vergessen, sie blieb. Ok, also wieder nix mit einer Runde Entspannung. Jeden Tag wurde das nun gesteigert. Aber ich checkte schon am 2. Tag das die nicht wirklich gegangen ist, die stand draußen hinter der Tür und lauerte und wollte horchen was ich mache. Ich machte nix. Damit war das Thema abgeschlossen, ich könnte im Notfall, mal ne Stunde alleine bleiben. Aber so richtig passte ihr das anscheinend auch nicht. Sie hätte wohl gern gesehen, das ich ihr hinter heule. Hab ich aber nicht. Bin doch kein Baby mehr. Immerhin feiere ich meinen 5. Monatsgeburtstag. Übrigens habe ich das bis zu meinem 1. echten Geburtstag durchgezogen. Jeden 13. im Monat hatte ich Monatsgeburtstag…logo mit Geschenken .

mein erster richtiger Ausflug

Dieses Wochenende steht ein Ausflug auf dem Programm. Es geht zu Tantilie in den Osten. Das heißt für mich vier Stunden Autofahrt. Das ist mittlerweile kein Problem mehr. Habe ja mein Reich auf dem Rücksitz eingerichtet, mit Decken ,Kissen und meinem Norbert. Norbert ist ein Quitschehund. Der muss überall mit und ohne den kann ich auch nicht zum Kackerli machen gehen.

Abfahrtstag. Alles ist gepackt, es kann losgehen. Ab ins Auto. Meine beiden bequatschen, das sie nochmal am Wald anhalten und mit mir ein paar Minuten laufen, damit ich dann für die Reise schön ausgepowert bin. Ich darf auch kurz online laufen im Wald, damit ich vielleicht nochmal mein Geschäft erledige. Für sowas hatte ich aber keine Zeit, denn ich entdeckte was ganz besonderes. Einen aufgedunsenen geplatzten Frosch. So schnell wie ich mich von allen Seiten reingeschmissen habe, so schnell konnten die gar nicht reagieren. Und bevor die auf meiner Höhe waren, lag ich auch noch mit dem Kopf mittendrin im toten Frosch. Meine Güte , was dann für ein Drama ausbrach, wegen so einem bisschen toten Froschduft. Ich muss ja zu geben ,er hatte bestimmt seine letzten Tage im letzten Jahrhundert erlebt. Solang war der schon tot. Er klebte überall an mir und ich roch so wunderbar. Beide waren stinksauer auf mich, es gab keine Möglichkeit mich auch nur annähernd von dem Geruch zu befreien. So blieb denen ja nix anderes übrig, als mich so stinkend und klebend wieder ins Auto zu jochen und weiter zu fahren. Den Geruch mussten sie nun noch gute drei Stunden ertragen. Den guten Eindruck den ich bei Tantilie machen sollte, nach der Ankunft, war mit meiner Duftnote auch versaut. Aber ist voll der Geheimtip von mir, toter verwäster Frosch übersteigt sogar den Flär von Fuchshaufen. Sie ärgerte sich furchtbar über meine Unart die ich mit jedem Kackhaufen veranstalte und macht sich nun schlau, ob das auch andere Hundekinder machen würden. Fragte natürlich gleich mal in der Internetmaschine nach. Kurze Zeit später bekam ich mal ein Stücke Pansen oder ein Harzkäse. War beides lecker, aber danach schmiss ich mich genauso wieder in jeden guten Kackhaufen wie vor den Snacks. Hat also nichts geholfen.

Bei meiner Verwandtschaft im Osten war es Liebe auf den ersten Blick. Alle mochten mich sofort. Ok....bis auf Oma, aber Oma is eh komisch. Dafür habe ich da meine beste Zweibein Freundin. Melissa ist ihr Name .Das ist die Tochter von Tantilie, die freut sich heute auch immer noch wenn ich die besuchen komme oder sie zu mir kommen darf. Mit ihr kann ich stundenlang spielen und toben. Und wenn ich dort zu Besuch bin, darf ich auch auf die Couch hopsen und am Tisch betteln. Also voll cool da. Dann gibt's da noch meinen Hühneropa. Muss ich euch ja jetzt nicht erklären, wieso der Hühneropa heißt. Richtig, der hat Hühner. Er hatte nach meinem Besuch drei weniger. Quatsch ich habe die doch nicht gefressen. Ich habe denen nur beigebracht, wozu die ihre Federn und Flügel haben. Habe mit denen ein bisschen Sport durch den Garten gemacht .Hühnerjogging. Die waren anschließend gut durchtrainiert. Mir hat das aber keiner übel genommen. Die waren ja dankbar das die Füsche im Teich und die Karnickelbabys meinen Besuch gut überstanden haben. Ich weiß gar nicht ob die drei Hühner jemals wieder Hach Hause gefunden haben.

Den Zustand draußen nennt man wohl Herbst. Mittlerweile bin ich 6 Monate alt. Muddi sagt ich kann nix, was wichtig wäre. So nen Blödsinn wie Pfote geben, auf „Tot" machen und im Kreis tanzen, brauch kein Hund. Ok, das mit Sitz und Platz findet sie jetzt nicht so ganz unbrauchbar. Aber ich habe nach wie vor meinen größten Feind.....die Leine ! Es gibt kein Geschirr, kein Halsband und keine Maßnahme die sie nicht schon versucht hätte, damit ich mich ordentlich an der Leine benehme. Da haben wir wieder ihr Problem, das mit dem Durchhalten! Jede andere Hundemuddi mit Erfahrung hätte mir das schon längst beigebracht. Momentan ist es mit mir und der Leine ganz schlimm. Daher gehen unsere Morgenrunden immer am Kanal entlang, wo ich keine Leine brauche. Denn ohne das Ding höre ich sogar ab und zu auf meinen Namen, wenn Sie den ruft. Es nervt sie so richtig das ich in ihren Augen zu blöde bin das zu lernen. Aber mal ganz ehrlich. Jede Woche hat sie einen neuen Plan mir das beizubringen. Und jede Woche scheitert sie damit aufs Neue. Was kann ich denn dafür, das sie nicht wirklich weiß, was sie da macht. Und sich dann ein Labbi ins Haus zu holen, find ich schon leicht dämlich. Weiß doch jeder der nen bisschen Ahnung hat, das die ihren eigenen Dickkopp habe und grade in meinem Alter.

Abends ist es ja jetzt schon früh dunkel, dadurch verschieben sich auch meine Ausgehzeiten nach vorne. Was macht Hund von Welt, wenn abends der Kamin knistert? Genau man sürft im Internet rum. Schnell hatte ich meine eigene Seite und noch schneller hatte ich meine eigene Gang bei Fatzebuk.

Die Gerda-Gang

Meine Gang ist sogar international. Und mit den ganzen Hundekinder haben sich ganz dicke Freundschaften entwickelt. Ich muss die jetzt mal alle aufzählen. Also die Hundemädchen der Gang sind: Emma vom Müh, Kim die Pottschnute, Lola und Bree. Dann extra aus dem Spaghettiland dazugestoßen sind Pen und Emi und sogar aus dem Tobleroneland hab ich Freundinnen die heißen Mayumi, Cailine und Eywon. Die Hundejungens aus meiner Gang sind: Carl auch Spatzi genannt, Lennox, Jason, Beejay und Apachi.

Leider wohnen die in der ganzen Welt verstreut, darum kann ich mich nicht immer mit allen treffen. Aber mittlerweile drehe ich ganz oft am Sonntag ne Runde mit Kim und Apachi, ab und zu kommt auch Beejay mit, weil die alle bei mir im Ruhrpott wohnen.

Diesen Sonntag geht die Runde mit Apachi in seinem Revier lang. Da er in einer Großstadt wohnt, ist das für mich fremdes Gebiet. Ich bin und bleib ein Dorfköta....sagt Muddi immer.

Apachi ist ja meiner Meinung nach schon gehorsam und leinenführig geboren, der kann das schon immer, obwohl der ja och noch jung ist. Also sollen seine Eltern meinen beibringen wie das zu machen ist mit mir.

Wir treffen uns bei Apachi und wollen zu Fuß auf eine große Wiese gehen . Apachi voll der Streber ist immer schön bei Fuß gelaufen. Ich musste erstmal alles abschnüffeln, hab ja bis dahin noch nie eine Spur in der Großstadt aufgenommen. Muddi total genervt von mir. Ich musste die ständig von rechts nach links mitzerren. Doch plötzlich spürte ich eine ganze tolle Note in der Nase und rannte den Schotterweg los. Nur zu meinem Übel hatte ich sie noch hinter mir am anderen Ende der Leine dran hängen. In diesem Moment war mir alles so egal, ich rannte los. Meine Spur ging Richtung Straße. Sie hatte zwei Möglichkeiten. Loslassen und ich renn auf die Straße wo Autos fahren , und die fahren ja in so einer großen Stadt reichlich oder festhalten und ich schleif sie auf dem Schotterweg mit. Sie wählte Variante 2. Ihre Schuld war nur, das sie so hartnäckig war beim Festhalten, so zog ich Muddi gute zwei Meter auf allen Vieren rutschend auf dem Schotter mit. Sie hielt immer noch brav die Leine. Papilie konnte mich stoppen mit Gebrüll .Hob Muddi hoch und da sah man das Ausmaß. Ihre Hose war zerissen, aus den Knien lief das Blut. Hände und Ellenbogen offen vom Schotter. Da kochte jemand vor Wut . Apachi lief natürlich die ganze Zeit brav weiter bei Fuß. In ihrem Kopf flogen so wirre Dinge wie Hundeschule, Stachelhalsband und Hundekinderheim in diesem Moment rum! Ich hatte es etwas übertrieben, Muddi war anschließend eine Woche krank geschrieben, weil die Knien sich entzündeten und alles eitrig war. Zu Hause hab ich mich dafür endschuldigt, aber sie war immer noch stinksauer auf mich. Die nächsten Übungsstunden wurden wieder in die Natur verlagert.

Apachi, Kim und ich ☺

Urlaub im Gurkenland

Mein erster richtiger Urlaub steht an. Es geht ins Gurkenland. Da hatt das Tantchen ein Ferienhaus am See. Die Fahrt in den Spreewald dauert fünf Stunden. Normalerweise. Mit mir an Board zog sich das ins Unendliche. Jede Stunde machten die Pause, weil ich pullarn sollte. Aber auf einem Autobahnrastplatz hat Hundekind für sowas überhaupt keine Zeit. Da gibt es soviel interessantes zum schnüffeln, das ich immer vergessen habe zu pullarn. Das ganze Spiel mit dem Rastplatz wurde sieben mal wiederholt. Ich konnte einfach nicht. Da stehen die beide immer neben mir und du hörst nur „Gerda mach Kackerlie", „Gerda nun pullare doch endlich". Es nervt tierisch. Irgendwann sind wir im Ferienhaus angekommen. Das Wochenende verbrachten wir noch zusammen mit meinem Tantchen dort. Es ging in die Pülze. Ist nur ziemlich blöde, wenn du an der Leine im Wald durchs Gebüsch und Dickicht gezogen wirst. Angeblich nur weil ich nach wie vor nicht auf meinen Namen hören kann. Zum Glück hatte Tantchen Ahnung von den Dingern, so das alle nachdem sie die gegessen hatten , wohl auf waren. Eine große Wanderrunde gab es dann auch am See entlang. Ich durfte ab und an ohne Leine. Bis uns so eine Frau entgegenkam. Ich war voll der Meinung das ich die kenne. Also ich fand die sah von weitem total aus wie Apachis Muddi. Also bin ich vorgelaufen und auf die zu. Habe nur nicht gehört, wie die mich alle zurückgerufen haben. Schon mit dem gewissen Unterton in der Stimme. Erst als ich die Tante angesprungen habe und ordentlich begrüßt hatte , war mir klar, das ich die wohl doch nicht kannte. Meine Güte, machte die nen Affen wegen ihrer hellen Hose. Ich hab ihr ein paar Tarnflecken drauf gemacht . Meine Muddi sich da voll am entschuldigen für mein Verhalten, aber davon wollte die Frau nichts hören. Die hatte wohl voll Schüss vor mir. Abends ist Tantchen mit ihrer Familie dann nach Hause gefahren und wir blieben noch ein paar Tage .Wir machten einen Ausflug zu den Gondeln die da auf der Spree lang fahren. Gern wären meine beiden auch mitgefahren, aber ich habe die Boote schon von weitem weg gekläfft. Ich glaube sie spielte da wirklich mit dem Gedanken, wir drei so schön romantisch in so einem wackeligen Kahn und dafür auch noch Geld bezahlen. Ohne mich! unheimlich fand ich die Teile. So zerrte ich die noch ne Stunde an der Spree entlang. Irgendwann haben sie den Urlaub aufgegeben, weil sie mit mir eh nirgends hingehen könnten. Also ging es wieder ab nach Hause in mein Revier.

der Futterladen meines Vertrauens

Die ganze Woche über hab ich mich einigermaßen ordentlich benommen. Heute darf ich zum ersten mal im Leben in den Hundeladen meines Vertrauens.

Das ist so ein riesiger Laden für Hunde und Katzenkinder im Nachbarort. Wir parken auf dem großen Parkplatz und gehen Richtung Laden. Obwohl ich da noch nie drin war, setzen in diesem Moment meine Gehirnzellen aus. Ich zerre sie wie blöde Richtung Tür. Schiebetür! Kannte ich bis grade noch nicht und wusste nicht, das man vorher stoppen muss, damit die aufgeht. Nachdem ich kurz gegen die Tür geballert bin, öffnete die sich auch, weil sie mich zurückgezerrt hat. Dann hat der Erfinder dieses Ladens voll mitgedacht. Stellt er doch tatsächlich für alle Hundekinder rechts am Eingang einen großen Napf mit Hundefutter hin und Wasser. Das Wasser interessiert da glaube keinen Hund.

Nachdem ich sie durch die Tür gezogen hatte, war ich in Sekundenschnelle am Napf mit dem Futter. Ich inhalierte es. Sie zerrte mich weg und deswegen hab ich da alles wieder mitten im Gang ausgekotzt .Ich konnte doch so schnell nicht alles runter schlucken. Die Wut in ihr stieg wieder bis an die ganz obere Grenze. Sie bückte sich und wollte die ganzen Brocken einsammeln. Ich war schneller und erspähte das Buffet mit den ganzen losen Knochen, Keksen und Rinderohren. Im gebückten Zustand zog ich Muddi dorthin. Das hatte Konsequenzen für mich. Freundlicherweise sammelte der liebe Verkäufer die ganzen Brocken Hundefutter auf, wo sie ja nicht mehr zu kam. Ich kassierte einen Anschiss. Voll peinlich so vor allen Leuten. Ok, ich benehme mich jetzt. Wir gingen halbwegs gesittet Richtung Kasse. Im Gehen füllte sie den Einkaufskorb. An der Kasse fragte mich dann der liebe Verkäufer ob ich nen Lecker darf. Muddi sagte sogar ja. Wollte ihm aber grade noch erklären, das er mir das lieber geben sollte, wie beim Pferd. Also mit der flachen Hand von unten. Zu spät. Er war schneller. Hätte er meine SIE aussprechen lassen, hätte er nicht so gezuckt , nachdem ich die halbe Hand im Maul hatte. Aber der war cool. Hatte es locker gesehen und gelacht. Ich erntete wieder den Wutblick von ihr . Nachdem wir bezahlt haben ging es wieder Richtung Ausgang. Aber nicht ohne das ich noch einmal in den Napf mit Hundefutter gegriffen habe....Sie war schneller , ich kotzte alles wieder aus , aber diesmal draußen vor der Tür.

Ich bin dolle krank. Habe seid drei Tagen Dünnpfüff. Schon am ersten Tag waren sie mit mir bei Frau Doktor. Ich musste Tabletten nehmen. Aber es wurde immer schlimmer. Und natürlich plane ich das so, das der schlimmste Tag meiner Krankheit auf ein Sonntag fällt. Ich kackere Blut. Hier ist nun Schluss mit lustig. Man bringt mich in die Tierklinik. Wenn ich sonst ne grosse Klappe habe, aber wenn ich kränkele, bin ich total wehleidig. In der Tierklinik sind sie alle sehr nett. Ich bin total tapfer nachdem die Frau Doktor mir zwei Spritzen verpasst hat. Ich habe nicht mal gezuckt. Blut haben die mir auch noch abgezapft. Es dauert ein paar Tage, bis ich wieder die Alte bin. Auf irgendwas in meinem Futter reagier ich allergisch. Da beschließen die gemeinsam mit meiner Frau Doktor, das ich Fleischfresserin werden soll. Gesagt, getan. Und Thema Dünnpfüff gab es bei mir nicht mehr. Einige Tage später sitz ich wieder in der Praxis.. Ich bin ja mittlerweile der Meinung das Muddi sowas wie eine Rabattkarte bei Frau Doktor hat. Es nervt ja echt das die alles so dermaßen übertreiben muss. Die schnappt mich bei jedem kleinen Zipperlein und rennt mit mir dahin. Heute früh habe ich ein Stück Kiwi gehabt. Zum ersten und letzten mal im Leben. Mittags hatte ich zwei Pickel unterm Bauch. Und wo sitze ich nachmittags? Richtig ,bei Frau Doktor, damit die sich die Pickel anguckt. Es ist manchmal einfach nur peinlich mit der. Soll ich mich da auf den Tisch stellen im Behandlungszimmer und mein Bauch zeigen. Sowas müsste man mal mit ihr machen, damit die weiß wie blöde man sich fühlt, da seinen Bauch zu zeigen. Frau Doktor meint, sieht aus wie von einer Brennnessel. Meine ist sich da nicht so sicher. Sie meint kommt von der Kiwi. Da wird sich meine Frau Doktor auch immer fragen ,was die Alte denn dann hier will, wenn die eh alles besser weiß. .Wie dem auch sei. Es gab nie wieder Kiwi.

Endlich treffe ich meine Freundin Lola mal wieder. Wir wollen mal auf eine Runde durch den Wald. Ich plane nämlich bald DEN großen Waldspaziergang mit einem Teil meiner Gerda-Gang. Da muss ich ja vorher mal gucken, ob das auch alles Labbigerecht ist. Lola ist älter wie ich und schon vernünftig. Zumindestens meistens und wenn ich nicht dabei bin. Das Problem an der Waldrunde ist ziemlich groß für meine Muddi. Wenn man da am Wald auf dem Parkplatz parkt muss man noch so fünfzig Meter an der Straße lang gehen bis man zu diesem Wald kommt. Das sind für Muddi immer ganz furchtbare Meter mit mir an der Leine. Da werden Erinnerungen an kaputte Knien wach. Ok, wir trafen uns an dem Parkplatz mit Lola. Auto abgestellt .Bevor Muddi die Kofferraumklappe auch nur ein paar Zentimeter geöffnet hat hab ich schon den ersten

Anschiss kassiert. Mir dauert das alles viel zu lange. Ich war mit meinem Vorderteilen schon durch die halbgeöffnete Klappe. Sie wird lauter. Man kann auch sagen sie brüllt mich an. Aber ich rieche schon den Wald und mein Gehirn stellt sich aus. Ginge es nach ihr, wäre an dieser Stelle der Ausflug vorbei. Aber die Strecke musste ja irgendwie getestet werden. Zu meinem Glück verlief das Aussteigen bei Lola jetzt nicht wirklich besser. Autos verschlossen, wir waren an der Leine. Es ging los. Sie musste im Dauerlauf, das Ende der Leine haltend, hinter mir her. Im Wald angekommen mussten wir uns beide erst setzten, damit man uns auf Kommando gleichzeitig die Leinen abmachen kann. Alles andere würde in diesem Moment ins Chaos führen. Wir zitterten am ganzen Körper und schrien dabei vor Aufregung. Kommando folgte und wir beide gaben alles. Man hat uns des öfteren versucht zurück zurufen. Aber irgendwie schallt das Echo im Wald wohl in die andere Richtung. Nach zwei Stunden war die Proberunde beendet und die Strecke als höchst tauglich für mein geplantes Treffen mit meiner Gang befunden. Wir trieften vor Schlamm und Dreckbatzen.

Das Gerda-Gang Treffen

Der große Tag ist gekommen. Heute lerne ich ganz viele Freunde aus meiner Gang höchst persönlich kennen. Muddi ist aufgeregter wie ich selber. Die kennt ja davon auch nur wenige persönlich. Sie schaffte es noch zum Frühstück ein Brötchen runter zu kriegen. Ich habe mein Bauch ordentlich vollgestopft .Brauch ja jegliche Energie heute. Nun fängt die jetzt schon an Papilie zu nerven, was die beiden machen sollen, wenn ich wieder nicht höre. Hallo?....das wissen die doch , das machen die jeden Tag mit. Er sagte nur, am besten wäre, SIE würde zu Hause bleiben, dann wird es nicht stressig. Da sprachen die eine Stunde keinen Ton mehr, erst als die Abfahrt nahte, haben die sich wieder eingekriegt.

Wir waren am Treffpunkt. Hier wollten wir warten bis Kim, Lola, Jason und Apachi da sind . Für die anderen Gangmitglieder war das einfach zu weit, da die ja alle in der Welt verstreut wohnen. Auf dem Parkplatz stand ein Auto. Eine Frau stieg aus und quatschte meine an .Die hat ernsthaft gefragt, ob das der Treffpunkt fürs „ Gerda-Gang Treffen" wäre. Meine Muddi fiel aus alle Wolken. Da hat doch echt mein Kumpel Carl den Weg von 350km auf sich genommen um mit mir eine Waldrunde zu drehen. Ich hab mich gefreut wie Bolle. Nach einer halben Stunde waren alle da und es ging in den Wald. Auf Kommando flogen unsere Leinen ab. Wir waren eine furchterregende Truppe. Meine beiden ließen mich einfach machen, nachdem sie merkte, das hier alles zwecklos ist. Und zu meiner Verteidigung muss ich sagen, das in den Stunden keiner wirklich so richtig gehört hat. Ok, ich war vielleicht die Schlimmste vom Benehmen her, aber in den großen Pfützen im Wald hab ich nicht drin gelegen, das waren die anderen .Weil das allen so gut gefallen und sich alle mochten, entstand bald die Idee für ein großes Sommerfest wo dann alle kommen sollten. Abends habe ich sogar mein Abendbrot verschlafen, ich kriegte die Augen nicht mehr auf vor Müdigkeit.

Nun bin ich schon soweit, das Papilie mich jeden Sonntag früh mit zum angeln nimmt. Dachte er sich so zumindestens. Sie, mal wieder so schlau wie sie immer tut, kauft eine Hundejoggingleine. Diese sollte sich Papilie um den Bauch binden, wenn er am angeln ist. Nein, wir wollten nicht joggen. Sowas kennt hier keiner. Gedacht war das, damit ich nicht abhaue wenn er einen dicken Füsch ans Land zieht. Soweit fand er die Idee ja nicht mal so verkehrt. Also setzten wir das mal in die Tat um . Er ist ja nun kein Angler, der irgendwo bequem in so einem Stuhl sitzt und wartet das die Füsche ins Netz hopsen. Nein, er läuft stundenlang am Kanal auf und ab mit der Rute im Wasser. Und da sollte ich an der Joggingleine um den Bauch immer mitrennen. In der Theorie könnte sowas klappen. Aber doch nicht wenn ich an der Leine dran hänge. Er versuchte die Angel ins Wasser zu halten, während ich immer ausgerechnet die andere Richtung bevorzugte. Hab ja mein Papilie selten mal wütend erlebt. Da aber schon. Obwohl er ja nun auch kein Spargel ist, schaff ich das tatsächlich ihn von einer Stelle zu ziehen. Man muss das nur ganz ruckartig machen, und so ganz unverhofft. Dann klappt das. Joggingleine war nachmittags in der Mülltonne. Die kann man ja hier zu nix anderem gebrauchen. .Zum Glück hat Papilie mir das nicht übel genommen und ich durfte weiterhin mit zum Angeln.

Versuch 2 im Futterladen

An diesem heutigen Tage setzt die mich auf Diät. Und Schuld daran ist diese doofe Waage aus dem Futterladen meines Vertrauens. Ich bin ja der Meinung die machen das mit Absicht ,das die immer 2kg mehr anzeigt wie man tatsächlich wiegt. Bestimmt denken die, so verkaufen die ihr Diätfutter besser. Durfte ich heute nach langer Zeit mal wieder mit in den Laden. Das gleiche Prozedere wie immer. Parkplatz-Gehirn -Abschaltung-Schiebetür- einrammeln-rechts Futtertopf inhalieren.... Stop ! was macht die jetzt?...da geht die ernsthaft wieder mit mir raus, ohne das wir an dem Hundebuffet vorbei gegangen sind oder was gekauft haben. Ich fass es nicht. Ausgerechnet jetzt in dem Moment will sie anfangen mit Hundeerziehung. Ich soll lernen mich vor dieser Schiebetür hinzusetzen und langsam mit ihr gemeinsam durch die Tür zu gehen. Sie zerrt mich etliche male zurück und wartet drauf das ich das kapiere. Aber ich habe Glück. Immerhin ist Winter. Der Blick der Verkäuferin das ständig die Tür aufgeht bei den Temperaturen, ließ meine Muddi ihre Erziehungsversuche als gescheitert erklären. Ich war nun endlich drin im Laden. Sie packte sich den Korb mit Katzenfutter voll, ich zog die Leine Richtung Buffet. Um dieses machte sie heute aber einen riesigen Bogen. Damit ich mich dort nicht wieder selber bedienen konnte, wählte sie den Gang mit dem Spielzeug. Im Vorbeischleifen konnte ich mir gerade noch so ein Spielzeug für Katzen schnappen. Sie hat es nicht mal bemerkt. An der Kasse benehme ich mich ordentlich. Bin ja nicht blöde, weiß ja genau das da immer die Frage nach dem Leckerlie für mich kommt. Ich hätte vorher mal diese blöde Spielmaus ausspucken sollen, dann hätte sie die auch bezahlen können. Die Verkäuferin reichte mir nach Anordnung das Leckerlie mit der flachen Hand, daraufhin musste ich ja die Spielmaus ausspucken. Oh jee, das war ihr mal wieder peinlich. Noch blöder fand sie , das sie die Maus nun bezahlen musste. Die war so von meiner Sabber durchtränkt, das wir die unmöglich zurück legen konnten. Hat sie gerade 3,75€ für Karl-Inge investiert. Ich hoffe der freut sich . Dann geht's auf die Waage. Das kann ich mittlerweile perfekt. Ich schummel immer gern und sitze nur mit drei Beinen und ohne Schwanz drauf. Merkt die aber und ich muss das so oft machen, bis ich ganz drauf passe. So ein bisschen breiter könnten die die Waage aber auch mal machen. Schock. Ihr fällt die Farbe aus dem Gesicht. Ich bin fett geworden, sagt die ernsthaft zu mir und das wo die blöde Verkäuferin daneben steht .Angeblich soll ich 2 kg zugenommen haben. Das ist aber in Wirklichkeit mein Winterfell, das sieht doch jeder Blinde. Damit soll mein Käsebrot was ich mir jeden Morgen mit Papilie teile gestrichen sein .Und als Leckerlie für zwischendurch ist eine Salatgurke und Apfel vorgesehen. Ich bin Fleischfresser, sie soll mal über die Anschaffung eines Meerschweinchens nachdenken. Aber das komische daran ist, bei mir zieht die das knallhart durch mit so einer Diät, bei sich versagt die grundsätzlich nach einem Tag.

Mein erstes Weihnachten

Die Tage werden kürzer und es ist schweinekalt . Das heißt wohl es geht auf mein erstes Weihnachten zu. Dieses wollen wir bei der Oma verbringen. Volltreffer, genau bei der Oma die mit mir nichts anfangen kann. Sie sacht immer ich sei zu groß und würde zu gefährlich aussehen. Und mal abgesehen von dem Dreck den ich mit Sicherheit in ihre gute Stube tragen würde brauch ich gar nicht erst anfangen zu reden. Aber die größte Sorge ist wohl, der Alexander. Meine Muddi hat nämlich ein jüngeren Bruder der eine Behinderung hat. Er hat Down Syndrom. Daran sieht man wieder Omas Interesse an meiner Hunderasse. Ein Labbi kommt mit sowas gut klar .Obwohl ich gerade mal 9 Monate alt bin, hab ich doch dafür einen 7.Sinn. Kurzum wurden die Feierlichkeiten bei Tantilie geplant, damit ich bloß nicht auf Omas guten Perserteppich ein Haar verliere oder die Biedermeier Möbel ansabbere. Oma kommt Heiligabend pünktlich zum Kaffee mit den Geschenke…ich nehme es mal vorneweg, für mich war keines dabei!!! Dafür habe ich bewiesen , das auch kleine Labbimädchen sehr sensibel sein können. Alexander und ich wurden Freunde . Ich habe dennoch reichlich Geschenke bekommen nämlich von meiner Zweibein Freundin Melissa. Nach 3 Tagen konnten wir endlich wieder nach Hause. Das Pflichtprogramm Weihnachten 2013 war erfolgreich abgehakt wurden. Über mein erstes Silvester hat man sich hier echte Gedanken gemacht. In so einer Zechensiedlung wie ich wohne, wird ordentlich geballert. Keiner von beiden wusste wie ich drauf reagieren würde. Also beschlossen beide, ich durfte mir eine Hundefreundin einladen um meine eigene Parti zu machen. Musste ich nicht lange überlegen.

Lola war mein Gast. Wir haben selber so laut Parti gemacht, das wir nicht mal das nächtliche Geballere von draußen mit bekommen haben.

Das Jahr ist vorbei und ich kann mal ein Resümee ziehen. Also mich hat es ihr zu Hause nicht so schlecht getroffen. Sie ist jetzt nicht so der Brüller, aber mein Papilie lieb ich über alles. Wenn sie „nein" sagt, sagt er nach zweimaligem Augenaufschlag von mir „ja". Mein bester Freund ist mein Kater Karl-Inge und über den Pippilotta brauch man hier nichts erwähnen. Erziehungstechnisch bin ich auf dem Stand eines 3 monatigen Hundekindes, daran bin ich aber nicht Schuld.

die Sache mit der Salamikettenwurst

Januar 2014 ..ich bin 10 Monate alt. Sie will dieses Jahr ausschließlich meiner guten Erziehung widmen, Papilie sacht dann immer, sie soll mich damit in Ruhe lassen ich wäre doch noch klein. Nun wisst ihr auch, warum ich meinen Papilie so liebe .

Dieses Geräusch was ich abliefere, wenn ich am Halsband ziehe, kann sie nicht mehr ertragen. Geröchel ‚Gewürge und Gehechel bis hin zur Luftnot habe ich das volle Programm drauf. Sie denkt über ein Geschirr nach. Da bleibt ihr nun nichts anderes über als mich mit zu nehmen in mein Laden . .Ich muss ja so ein Geschirr anprobieren. Muddi hasst mittlerweile diese Ausflüge in diesen Laden wenn ich dabei bin. Wir warten bis Papilie von der Arbeit kommt, denn alleine will sie sich das mit mir dort nicht antun.

Auf dem Parkplatz angekommen verlässt mich mein klares Denken mal wieder. Ich weiß genau wo ich bin, sitze im Auto und schreie schon los, daß die doch endlich die Tür vom Auto öffnen sollen. Sie versuchen noch vor der großen Schiebetür des Ladens mich zur Ruhe zu bringen. Zwecklos. Das merken die beiden auch endlich nach zehn Minuten vergebener Erziehungstechniken. Sofort übergibt sie Papilie die Leine, damit niemand denkt, dieser Hund würde ihr gehören. Rechts am Eingang der Napf mit dem Probefutter ist geleert ‚von mir. Ich zieh Papilie weiter bis zur losen Futterbar....STOP!!!...in meine Nase steigen Düfte , ich kann sie gar nicht deuten, noch nie in meinem Leben habe ich so etwas Köstliches gerochen...ich folge diesem Hauch einer Räuchernote . Dieser endete in einem großen Karton, direkt in Maulhöhe. Ich musste nicht lange überlegen, mit einem Haps in den Karton lief ich anschließend los, quer durch den Laden. In meinem Maul hing der Anfang einer Kettensalamiwurstschlange, also hunderte kleiner fein geräucherter Hundesalamis fest aneinander gebunden...das Ende war nicht abzusehen, es lag noch im Karton. Nur war ich vom Karton mit dem Anfang der Kettenwurst schon gute drei Meter entfernt. Papilie kriegte nen Lachanfall und Muddi verschwand im nächsten Gang, als ob die uns nicht kannte. Bei ihr war das Maß voll, um es mal nett auszudrücken es schwappte gewaltig über. Sie holte dreimal tief Luft bevor sie sich wieder zu uns bekannte. Ich wurde von ihr unsanft gestoppt, die letzten Meter der Salamikette wurde eingesammelt und wanderte in den Karton zurück, die ersten Meter musste sie in unseren Einkaufskorb legen und bezahlen. Alles lief total still und wortlos ab...ich dachte schon „ man ist die heute cool drauf „Papilie wusste sofort was los ist, wenn sie gar nichts mehr sagt. Wir zahlten die ganzen Salamiwürste und es ging ohne auch nur einen Blick auf irgendwelches Geschirr für mich zu richten raus aus den Laden. Zuerst war Papilie dran, immerhin hatte er mich ja an der Leine und sollte aufpassen, nachdem er sein Fett wegkriegte war ich dran. Ich möchte eigentlich hier nicht wiedergeben was ich mir alles an Kopf schmeißen lassen musste an unschöner Wortwahl von ihr. Naja, zum Glück dauert sowas nicht lang bei ihr und auf dem Rückweg konnte selbst sie drüber lachen. Zeigte sie mir natürlich nicht.

Frauensache

An diesem heutigen Tag änderte sich für mich und alle anderen hier im Haus das Leben. Seid einigen Tagen meinte sie , das ich komisch drauf sei. Ich wäre zickig und das mit dem hören würde sich komplett zurück entwickeln. Ok, soviel war da ja nicht was sich rückwärts entwickeln könnte. Sie macht für uns beide Frühstück. Papilie ist auf Arbeit. Also gibt's für mich nur die Portion Fleisch, wenn Papilie da ist, fällt bei dem ständig was für mich ab, sie ist da ein bisschen egoistischer. Wenn hier gefrühstückt wird ist mein Platz immer bei dem, der noch das meiste auf dem Teller hat...also heute bei ihr. Sie ist fertig und ich steh mit auf um die Krümel schon mal unterm Tisch wegzuputzen. Ich erheb mich und von ihr kommt nur ein „ ohjee, was ist das denn ?",da wo ich gerade noch saß, ist nun ein Blutfleck! Sie springt panisch um mich herum und fängt an mich gründlichst zu untersuchen. Nun dämmerts auch bei ihr. Kurz ist sie verschwunden und kommt mit einem Tempo wieder. „Was soll das denn nun werden?", will Sie mir beibringen mein Nase zu putzen? . Nein, sie tupft mit dem Tempo hinten bei mir am Popo rum, naja ihr wisst schon. Auf dem Tempo ist etwas Blut. Sie hätschelt mich und quatscht mir die Ohren zu von wegen nun werd ich wohl langsam erwachsen und das das alles nicht so schlimm wäre. Der nächste Schritt von ihr, war das Handy zu nehmen ,das blutbeschmierte Tempo zu knipsen um das Papilie zu schicken mit den Worten „ deine Gerda ist grade läufig geworden" . Ich habe ja echt drei Kreuze gemacht das dieses Foto nicht auch noch auf Facebook zu sehen war. Herjee kann diese Frau peinlich sein. Ihr Kopf war voller Gedanken wie sie nun die Rüdenwelt von mir fernhält. Ginge es nach ihr wäre ich weggesperrt für die nächste Zeit, damit mir ja kein Rüdiger zu Nahe kommt. . Von diesem Tag an, drehte nicht nur sie am Rad sondern auch der kleine Nachbarsrüde der zwei Gärten weiter wohnt. Er roch mich und versuchte sich unter dem Zaun durch zu buddeln. Meine Runden am Kanal reduzierten sich auf die frühen Morgenstunden und späten Abendstunden…und zu meinem und ihrem Übel alles an der Leine. Zur Sicherheit ob sie nun wirklich richtig lag mit ihrer Diagnose, saß ich nachmittags im Sprechzimmer. Ihr könnt euch sicher denken wo. Von einer Bekannten bekam sie so einen komischen Schlüpper den ich anziehen sollte. Zu meinem Glück passte ich da nicht mal mit einem Schenkel ein. Der Spuck war auch nicht beendet als sie dann mit Kinderschlüpper aus einem Textildiscounter ankam. Ich kam mir so bescheuert vor mit so einem Ding über den Hintern ausgestattet. Nur gut das die Teile mir auch nicht wirklich passten. Und so durfte ich „unten ohne" laufen. Was die ganze Sache anging, war ich ein sehr reinliches Hundemädchen. Ich habe gar nix versaut und mich immer schön selber geputzt. Keiner von beiden wusste eigentlich genau, wann meine Läufigkeit vorbei war . So war ich definitiv länger an der Leine und von allem fern gehalten als es nötig gewesen wäre. Ich denke das an dieser Situation auch mein Papilie nicht ganz unschuldig war. Er hätte es wohl nicht ertragen, wenn ich mich in der Standhitze irgendeinem daher gelaufenem Rüdiger „angeboten" hätte. Wir drei überstanden die Zeit ganz gut. Einem ging es da weniger gut. Der Nachbarsrüde wurde während dieser Zeit kastriert. Der muss wohl da die Bude auseinander genommen haben. Sorry Nachbar. Aber ich kann da nichts für.

Frühstücksbrötchen

Es ist ein kalter aber schöner Morgen im Februar. Dick eingemummelt begebe ich mich mit ihr auf unsere morgendliche Dorfrunde. Dieses mal nahm sie sich Geld mit und wollte mit mir zur Bäckersfrau uns ein Brötchen holen. Sowas macht sonst immer der Papilie mit mir am Sonntag. Am Bäckersladen angekommen ist in der Mauer ein Haken angebracht, an dem man seinen gut erzogenen Hund anbinden könnte. Ich habe ja mittlerweile ein Geschirr um, nein nicht selbst gekauft und anprobiert, das kam von einem großen Versandhaus und gleich in fünffacher Ausführung, was nicht passt konnte sie zurückschicken. Nach kurzem Überlegen hat sie es geschafft meine Leine an diesem Haken zu befestigen. Der Laden hat ein riesiges Schaufenster durch das man von innen gute Sicht auf die gehorsamen Hunde an dem Haken hat. Im Laden waren drei kleine Schulmädchen die sich wohl noch ihr Pausenbrot besorgten. Muddi sacht immer, sowas hat es zu ihrer Zeit nicht gegeben, sie hatte eine Stulle mit welche sie sich selber noch früh schmieren musste . Ich am Haken, von ihr kommt ein kurzes aber betontes „Bleib" und sie verschwand mit Herzklopfen im Laden. Die Kinder waren fertig und gingen raus. Sie guckte durchs Schaufenster zu mir. Ich saß wie ein Streber-Labbi und bewegte mich nicht. Sie war an der Reihe und bestellte 2 Brötchen, also 1,5 für sie und ein halbes kriege ich ab. Während sie sagte was sie haben möchte ging ihr Blick raus. Ich saß brav, nur die drei Mädchen fingen keine 20cm neben mir an in ihren Schulranzen zu kramen um ihre grad erworbenen Frühstücksbötchen zu verstauen. Ihre Gedanken bei dem Anblick waren „ was sind die Kinder blöde sich so dicht neben einem fremden Hund zu hocken und in ihren Taschen zu kramen, der Hund könnte ja auch gefährlich sein". Meine Leine hatte trotz des Hakens in der Wand an dem sie festgemacht war, immer noch eine Spannweite von gut einem Meter. Eines dieser kleinen Mädchen hockte immer noch da, während die anderen mittlerweile es geschafft hatten ihre Schultaschen wieder auf den Rücken zu schnallen und standen. Nun packte die auch noch das gerade gekaufte Brötchen aus der Tüte aus um es sofort zu essen. Ich beobachtete alles sehr akribisch bis zu diesem bestimmten Zeitpunkt. Für mich war klar, sie hat es für mich ausgepackt. Ich stand auf und brauchte genau zwei Schritte . Ich hab gerade mal dran lecken können am Brötchen ,da schrie das Mädchen los wie eine Sirene. Meine Güte hab ich mich vielleicht erschrocken und dann lies die das Brötchen im plärren auch noch fallen .Nein ich bin nicht rangegangen, weil ich immer noch so erschrocken war von dem Lärm den die veranstaltet hat , da stand meine Muddi schon neben uns. Zuerst zischte sie mich an ich sollte mich sofort wieder setzen und dann hielt sie dem Mädchen eine ordentliche Ansage, das die sich nicht einfach so neben einem fremden Hund stellen sollen und da ihr Brötchen auspacken könnten. Innerlich feierte ich das die plärrende Göre ihr Fett weg kriegte. Nun gab die dem Mädchen auch noch zwei Taler damit die sich ein neues Brötchen kaufen konnte, band mich wortlos ab und zerrte mich die restlichen fünfhundert Meter nach Hause ohne einen Ton zu verlieren. Was das heißt weis ich ja nun mittlerweile.

Mein erster Winter geht zur Neige, und wie soll es auch anders sein, ich habe nicht eine Schneeflocke hier im Ruhrpott gesehen. Egal, was man nicht kennt ,vermisst man nicht oder wie war dieser blöde weise Spruch ? Abends ist es nun schon länger hell und unsere Runden am Kanal werden länger.

Aber heute wollte Papilie eine andere Kanalstelle ausprobieren, wo er demnächst mal ein paar Füsche fangen könnte. Im Hochsommer waren wir da nie, weil da immer so viele „Liebestolle" sich tummeln. Weiterlesen nur ab Ü18 ! Wir waren schon einige Kilometer unterwegs. Ich immer die Nase unten auf dem Boden und schon ziemlich weit entfernt von den beiden. Sie rief mich zurück. Natürlich gehorchte ich, nachdem ich mein Name die ersten drei male überhört hatte. Ich lief zurück mit meiner gerade gefunden Beute. Mein Maul war voll mit durchsichtiger kleiner Gummitüten und benutzter Tempotaschentücher. Auf den ersten Block wusste keiner was das genau war. Kommando „pfui" folgte, was eigentlich immer kommt, egal wo ich grad am schnüffeln bin. Papilie guckte, guckte nochmal und bekam einen Lachanfall. Sie hat noch immer nichts begriffen .Erst als ich wirklich ausspuckte was ich im Maul hatte, fing die an rum zu brüllen und die Farbe fiel ihr aus dem Gesicht. Die Betitelung „ekeliges Dreckschwein" fiel. Mir war immer noch nicht bewusst warum die so mit mir schimpfte .Es war doch weder Fuchs noch Frosch, noch sonstiger Kackhaufen. Wäre ich ein Menschenkind würde in diesem Moment das Thema „Aufklärung" unumgänglich. Gott sei Dank ich bin ein Hund .Nicht auszumalen, wie die beiden dann nun nach Wörtern suchen würden. Was auch immer das für „ Tüten" waren, sie will mich eine Woche nicht knutschen.

Möchtegernschwanger

Irgendwas stimmt heut nicht mit mir. Ich kann mich selber heute nicht ertragen. Bin nur am ninnern und heulen. Bei ihr stehen die Alarmglocken auf dunkelrot. Sie guckt sich das Schauspiel ein paar Stunden an und nachmittags sitzen wir beide bei Frau Doktor in der Praxis. Mein Name wird aufgerufen. Als wir das Behandlungszimmer betreten fragte mich Frau Doktor was ich hätte. Hallo....kann ich sprechen? Muddi übernahm das für mich. Sie sagte ich sei sehr wehleidig und komisch geworden, würde die zwei Plüschtiere die ich besitze immer in meinem Körbchen behüten und ansingen. Ich hab ja eine schlaue Frau Doktor, nachdem die mich untersucht hat, kam sofort die Diagnose. Ich bin SCHEINSCHWANGER ! Den Ausdruck hört meine heute zum ersten mal. Es gab keine Medikamente, wir sollten das aussitzen. Mit dem Satz der dann von meiner sonst so von mir geliebten Frau Doktor kam, sank sie schlagartig in meiner Gunst." Gerdas ganze Spielzeug soll weg „.. Ich besaß ja schon kaum was und das bisschen wollte man mir nun auch noch nehmen während ich krank war. Menschenkinder kriegen immer noch was aus dem Spielzeugladen wenn die krank sind und ich ? Ne Logik habe ich da nicht drin gesehen. Natürlich hat meine das alles genau so gemacht wie man ihr gesagt hat. Der einzige der mir in dieser schweren

Zeit beistand war mein bester Freund. Mein Kater Karl-Inge. Er setzte sich anstatt der Plüschtiere mit in mein Körbchen und wir spielten Muddi und Kind. Ich war die Muddi und Karl-Inge mein Kind. Er liebte das Spiel. Ich putzte den 24 Stunden am Tag und kümmerte mich wie eine richtige Muddi um ihn. Die ganzen Tage saß er pitschenass von meinem Sabber triefend ,in meinem Körbchen und genoss das richtig. Bis heute wachsen an seinen Ohren keine Haare mehr, weil ich ihn da tagelang besonders gründlich geputzt habe. Papilie und Muddi konnten dagegen nix machen, die konnten ja schlecht auch Karl-Inge mit in den Schrank sperren wo mein ganzes anderes Spielzeug aufbewahrt wurde während dieser Zeit. Es dauerte ewig bis dieser Spuk vorbei war.

Weltbestenkindergärtnerin

Einmal die Woche darf ich ja immer in meinen Hundekindergarten. Meine Kindergartentante Liane liebt mich und ich liebe sie. Ich muss da nie so dolle hören , ich darf da einfach nur Hund sein. Klar müssen wir auch im Kindergarten Mittagsschlaf und sowas machen, aber den brauchen wir dann auch immer, weil wir den ganzen Tag so richtig schön toben und spielen . Wenn es nach mir ginge würde ich ja öfters gehen wollen, aber ich darf meistens nur einmal die Woche, wenn meine Muddi nen langen Arbeitstag hat und die können mich ja nicht länger wie zwei Stunden alleine zu Hause lassen, weil sie da vor schlechtem Gewissen sterben würden. Wenn man mich dann früh morgens dorthin bringt und ich nur merke das ich gerade auf den Parkplatz vom Hundekindergarten gefahren wurde, dreh ich ab. Ich schreie und zittere, damit ja sofort die Tür aufgeht und ich darein kann. Dann hab ich den ganzen Tag Parti. Ihr ist mein Auftritt da im Auto immer mega peinlich und bis heute übt sie , das ich mich ordentlich hinsetze bevor mir da die Tür geöffnet wird. Aber ich habe da auch mittlerweile sowas wie ein richtigen Job. Ich bin ja eigentlich auch eine ganz Liebe und mit jedem Hund verträglich, sei denn die mögen mich nich. Wenn sich neue Hundekinder anmelden und dann mal auf einen Probetag kommen, darf ich immer diejenige sein, die den Neuen alles zeigt und denen auch die Angst nimmt. Hat bisher immer bestens geklappt. Nur merke ich grade beim schreiben , das ich bisher vergessen habe mein Honorar dafür auszuhandeln .Peinlich für meine Sie wird's immer nur dann, wenn ich nachmittags abgeholt werden soll und nicht mit gehen will.....da kommt sie doch immer gewaltig ins grübeln. Naja irgendwann geh ich ja mit .

Meine Busenfreundin Kim

An den Wochenenden laufen wir nun viel mit meiner Freundin Kim die Pottschnute. Zu meinem Glück kann die genausoviel wie ich...also weder ordentlich an der Leine laufen noch beim ersten Rufen hören. Das macht es sehr entspannt für alle, weil keiner denkt, was ist der andere Hund gut erzogen. Auch die Zweibeiner verstehen sich prima. Kim hat mehr Pfeffer wie ich in den Backen und kann deutlich besser schwümmen. Das nutz ich natürlich aus , wenn man uns ein Spieli ins Wasser wirft, schwimmt Kim sofort los und holt das. Ich warte derweil tiefen entspannt am Ufer um es ihr abzunehmen. Es gab schon Sonntage wo wir gemeinsam zum schwümmen waren und ich nicht mal bis zum Bauch nass wurde. Aber Kim gibt gerne ab, deswegen gabs noch nie

Weibergezicke wenn wir zusammen unterwegs waren. Zu unserem Glück treffen wir uns immer in Gegenden an meinem Kanal wo nicht viele Leute unterwegs sind. Mir und Kim ist das mit den beiden Muddis nämlich auch immer mega peinlich. Ihr müsst euch das mal vorstellen. Beide liegen ständig auf irgendwelchen Wegen und im Gebüsch mit der Kamera in der Hand. Kommen kaum wieder hoch mit ihren Knochen. Da sind wir immer erleichtert wenn da kein Rüdiger lang kommt. Was soll der da denken, wenn der sieht was der vielleicht für eine Schwiegermuddi kriegt. Die machen doch alle gleich einen riesigen Bogen um uns bei dem Anblick der Beiden.

Aber jetzt mal so unter uns. Ich muss ja zugeben das die Kim , egal was wir machen, alles besser kann als ich. Die kann schneller laufen, besser schwümmen, schneller fressen . Nun kommt`s. Treffen wir mal auf einen Rüdiger sind die alle sofort Blitzverliebt in Kim. Mich beachteten die nie wirklich. Mich sehen die nur immer als die kleine dicke Gerda mit der man toben kann. Und wenn die Rüdiger die Kim sehen, haben die immer alle gleich Herzchen in den Augen. Klar ist die Kim ein bisschen älter als ich, aber warum beachtet mich nie ein Rüdiger?

Ich lieg hier gerade bockig auf der Couch und belausch die Beiden . Ich kann nicht glauben was ich da höre. Die quatschen vom anstehenden Urlaub. Jahrelang fahren die im Sommer nach Norwegen um da Füsche zu fangen. Sie sind sich beide einig, das ich dieses Jahr da nicht mit hin kann. Da kommen so Begründungen wie ich würde ja nicht hören und das wäre noch zu anstrengend für mich, ich sei ja immerhin erst ein Jahr alt. Das ist für mich grade der Hammer. Ich sehe mich schon abgeschoben in einem Bunker weggesperrt bei Wasser und Brot. Und wahrscheinlich werden die auch noch vor lauter Urlaubsbegeisterung vergessen, mich wieder aus dem Bunker abzuholen. Das war`s dann also mit mir . Immerhin hatte ich ein schönes Jahr bei denen. Da werde ich aus meinen Alptraum gerissen, weil sie neben mir ,steht mit einem Maßband in der Hand, sie muss mich vermessen. Ich bräuchte angeblich eine Schwümmweste !!! Hä...ich bin ein Labrador, die kommen schwümmend auf die Welt ? Ich muss mich mal kurz sortieren und zu hören was die nun planen. Puh, ich werde nicht weggesperrt in einen Bunker. Ich darf mit in den großen Urlaub. Ok, es geht zwar nicht nach Norwegen, aber immerhin in das Land wo Pippi Langstrumpf und der Michel Lönneberger herkommen. Ich denke mal das passt perfekt. Ich pack meinen pinken Koffer und warte auf den Abfahrtstag.

Ich reise nach Schweden

Hier sieht`s aus als würden wir ausziehen. Die ganze Bude steht voll mit Koffern und Kisten. Mich machte diese Stimmung die hier herrscht leicht bescheuert. Sie rennt hier rum wie ein aufgescheuchtes Huhn und erzählt sich ständig selber, ob sie alles eingepackt hätte. Ich kenn die Mitnahmeliste so langsam auch auswendig...Gerdas Bett...Gerdas Näpfe...Gerdas Schwümmweste...Gerdas Impfausweis....na ich hoffe nur, das sie für sich och ein paar Schlüpper eingepackt hat und für Papilie einen Schwung Socken. Spät nachmittags geht's endlich los. In dieser Nacht kommen wir bis Kopenhagen, nicht gerade so der ideale Übernachtungsplatz mitten in Dänemark für ein nicht perfekt hörendes Hundekind wie mich. Sie hat ein mulmiges Gefühl, obwohl sie ja weiß uns kann nix passieren. Wir haben einen etwas ruhigen Rastplatz gefunden indem wir nun gemeinsam im aufgebauten Bett im Auto unsere Nacht verbringen. Das Auto haben die kurz vorm Urlaub extra für mich gekauft, ein großen Bulli .Getauft wurde er auf „Gerdamobil". Für unsere Reisen steht da nun ein massives Holzbett drin, wo wir bequem alle zusammen Platz finden. Tagsüber , während wir fahren bin ich da ordentlich gesichert und angeschnallt. Ich darf nochmal schnell pullern und dann sollen wir schlafen. Die beiden setzen das sofort in die Tat um und schnarchen um die Wette. Ich sitz zwischen den beiden und spiele Leuchtturm, schau mich nach allen Seiten um das keine Einbrecher kommen...naja irgendwann lieg ich auch schnarchend quer zwischen den beiden. Am nächsten Morgen geht's weiter und endlich am Nachmittag erreichen wir das Labbiparadis in Form von einem eigenen großen Haus, mit einem großen eingezäuntem Garten direkt am See. Der Herr Vermieter ist auch sehr nett und mag mich, obwohl ich den erstmal weg gekläfft hab, wo der uns besucht hat und gefragt hat, ob wir noch was benötigen und ob es uns gefällt. Ich bin ja da sehr schnell, sehr einnehmend. Bin ich irgendwo und mir gefällts, sehe ich das schnell als „Meins" an und beschütze das. An dem ersten Abends sollte es sofort mit dem Ruderboot auf den See gehen um die Füsche da zu fangen. Ok, das haben sich meine beiden naiven Eltern anders vorgestellt. Die dachten ich setz mich mal da ins Boot und bestenfalls helfe ich noch beim Rudern. Irrtum. Ich trau mich nicht einmal mit der kleinen Kralle in dieses schunkelnde Boot. Also fährt Papilic allein auf den See und Muddi muss leicht genervt von mir , am Ufer mit mir spielen. Ich kenn sie doch, die nimmt das nicht so hin, die will auch Füsche fangen. Nächster Tag, nächster Versuch. Ich krieg diese alberne Schwümmweste um. Sie hatte das schon zu Hause am Pool mit mir getestet, da ist der Versuch gescheitert. Ich bin bewegungsunfähig wenn ich dieses Dingen um hab. Sie holt eine Hand voll Leckers. Das Boot wurde ans Ufer gezogen , damit ich ja nicht nass werden beim einsteigen. Ich fall bei der Hand voll Fleischwurst voll auf die Nummer rein. Nach nicht einmal fünf Minuten sitz ich in diesem Boot mit Schwümmweste, unter mir meine Decke und sämtliches Spielzeug ist mit an Bord. Ich merke nicht wie Papilie langsam das Boot ins Wasser schiebt. Ich konzentrier mich grad voll auf die Fleischwurst. Wir sitzen alle drei im Boot mitten auf den See. Ja ich muss nun zugeben, es gefällt mir. Es brauchte nicht lange und ich lag schnarchend im Boot. Beide konnten nun in Ruhe angeln. Wenn nicht da auf einmal dieser Urschrei von ihr kam...sie hatte einen dicken Hecht am Haken. Ich kurz aufgeschreckt, ihr Petri Heil gewünscht und hab mich wieder im Boot aufs Ohr gehauen. Alle waren wir glücklich, naja Papilie nicht so ganz, weil sie mal wieder den dicksten Füsch gefangen hatte. Er heuchelte nur sowas, wie „ das freut mich aber das du so einen großen Füsch gefangen hast „ Das ist Anglersprache und heißt übersetzt soviel wie „ verdammte Scheiße, fängt die einen größeren wie ich".

Der nächste Tag sollte genutzt werden für einen Stadtausflug. Beide wussten von vornherein, das es alles andere wie entspannt mit mir wird. Sie behielten Recht. Ich am Geschirr gesichert, weil Halsband in so einer Situation wegen der Geräusche beim Ziehen , nur unnütz Aufsehen erregt hätten . Ab geht's in irgend so eine kulturell historische Stadt. Vollkommen uninteressant für mich. Kleine enge Gassen mit hunderten Leuten die die gleiche dumme Idee hatten wie meine beiden. In dieser Situationen wechselt wortlos die Leine in Papilies Hände. Auf dem Marktplatz in dieser blöden Stadt stand so eine riesige Bronzefigur. Irgend so ein Trompeter oder sowas, ach ich hab die nicht mal richtig erkannt. Ich zog Papilie über diesen Marktplatz, immer schön Kopf nach unten schnüffelnd auf dem Boden. Was man da so alles an Spuren lesen kann ist schon Wahnsinn. Er stoppte, ich hob den Kopf. In diesem Moment habe ich mich sowas von erschrocken und hab alle Anwohner dieser Stadt vor dieser Bronzefigur beschützt. Ausnahmslos alle. Ich habe ein Mordstheater abgezogen mit bellen, knurren und anspringen dieser besagten Figur. Und natürlich blieben alle Leute erschrocken stehen wie ich losgelegt habe, wichen erst einige Schritte von mir zurück, ich glaube vor Angst, bevor dann ein riesiges Gelächter losging. Alles nur weil ich mich ja selber so erschrocken habe vor dieser Figur. Papilie hatte alle Hände voll zutun mich wieder einigermaßen zu beruhigen. Auch er hat sich über mich lustig gemacht. Nur was war mit Ihr ?.Sie war weg!!! Wir entdeckte sie einige Meter weiter auf einer Bank auf diesem Marktplatz. Schon beim ersten Bellen, wusste sie was da nun noch alles von mir kommt und das es alles mega peinlich werden würde. Sie tat als würde die uns nicht kennen und wartete bis die Leute sich nicht mehr über mich lustig machten. Sie kochte vor Wut und dachte an die vielen erholsamen Stadtausflüge vor meiner Zeit nach. Shoppen und bummeln war mit dem Tag meines Einzuges gestrichen.. Im Urlaub sah ich diese Stadt nicht mehr, auch keine andere. Aber es war ein sehr schöner Urlaub gewesen, solang wir nicht unser Haus am See verlassen haben.

das Gerda-Sommerfest

Samstag der 07.06.2014

Dieser Tag sollte der Beste meines Lebens werden und ist es auch bis zum heutigen Datum geblieben.

Seid gut einem halben Jahr ist sie am planen, organisieren, buchen und bestellen. Nicht eine Minute des wichtigen Tages überlässt sie dem Zufall.

Mein Garten sieht aus als ob eine Hochzeit ansteht. Ein übergroßes weißes Partizelt steht zusammen mit Tischen und Bänken im Garten. Überall Lichter und Gedönse , ein überdimensionaler Grill und von dem Essen und Fleisch was in meiner Küche steht kannste den halben afrikanischen Kontinent mit satt kriegen. Was auch immer hier und heute passiert ,es muss großartig werden.

Das legendäre Gerda Sommrfest beginnt!

Teilnehmer:

ich, Carl, Emma, Kim, Bree, Jason, Lennox, Mayumi, Cailin und Beejay.

Alle Kumpels mit samt Zweibeiner aus meiner Gerd-Gang bei Facebook reisen pünktlich an, aus allen Teilen Deutschlands und auch aus der Schweiz. Ich muss jetzt hier nicht erwähnen, das Muddi schon zwei Tage vorher kein Auge zugemacht hat vor Aufregung.

Treffpunkt ist eine super schöne Stelle an meinem Kanal mit Fluss zum schwümmen, der auch heute dringend nötig ist, das Thermometer zeigt sagenhafte 34 Grad an. Auch an dieser Stelle am Kanal stehen organisierte Pavillons, damit wir nicht alle so der Sonne ausgesetzt sind. Alle sind pünktlich mit Kaffee und Kuchen bewaffnet gegen Mittag an dieser Stelle eingetroffen. Es war der absolute Hammer !

Ihr müsst euch mal das Bild vorstellen neun schokofarbende Labbis und ein kleines Hundemädchen was kein Labbi war. Wir sahen sicher für Fremde sowas von furchterregend aus. Zu meinem Glück hörte keiner auf seinen eigenen Namen...wurde einer von uns gerufen kamen alle oder ebend keiner.

Ich muss mal an dieser Stelle sagen , das ich da meiner Muddi und mein Papilie sehr dankbar bin, das die sowas für mich gemacht haben. Das tun nicht alle für ihr Hundekind. Muddi tut zwar immer als hätte sie anstelle von nem Herzen ein Stein, aber so schlimm kann sie ja nicht sein, sonst wäre das alles nicht möglich. Moment ich bin noch nicht fertig mit meiner Rede. Die Parti konnte auch nur so gut werden, weil alle geladenen Gäste genau so ticken wie meine Beiden .

Ich brauchte auch nicht hören, wäre eh zwecklos gewesen an diesem Tag. Ich durfte mit den Kumpels da gute drei Stunden toben im Wasser in der Zeit saßen die Zweibeiner schön im Schatten und stopften sich mit Kuchen voll. Der nächste Punkt auf ihrer Veranstaltungsliste folgte .Alle fuhren zu mir nach Hause. Mein Garten war vollgestopft mit Menschen und Hunden. Vorher hatte Sie aber in der Nachbarschaft schon eine Parti angekündigt, nicht das die Nachban denken, das örtliche Tierheim wäre umgezogen...in meinen Garten! Zum abendlichen Grillen befanden sich nun 19 Zweibeiner und 10 Hunde alle im Garten. Also von mir aus hätten die alle hier einziehen können, ich fand das alles saugeil. Spät in der Nacht gab Tante Dani, das ist de Muddi vom Carl noch ein Openär in meinem Garten mit Leifmusik und Gitarre. Da hätt sich Rock am Ring ne Scheibe von abschneiden können, was hier bis in den frühen Morgenstunden für eine Stimmung war. Achso , das weiß ich nur vom erzählen, weil ich mit de Kumpels unter den Tischen lag und wir haben alle gemeinsam gepennt. Auch heute wo ich drei bin, kann ich sagen, das es immer noch meine besten Freunde sind. Das soll ja in der jetzigen Zeit was bedeuten !

Auch die schönste Fete ist irgendwann vorbei und mich hat der Alltag wieder.

ein schlimmer Gedanke

Neuerdings schleppen die mich ja überall mit hin. Da kauft sie bei so einem großen Auktionshaus einen Schreibtischstuhl...den sollte sie im Nachbarort abholen. Also mussten wir alle los das Ding abholen. Wie immer ist sie zu früh da, der Abholort war eine Firma die wohl pleite gegangen ist und Ausverkauf machte. Sie hatte einen Termin mit dem Verkäufer vereinbart. Egal, wie immer sind wir mal wieder zu früh da, die beiden beschließen mit mir eine Runde zu drehen. Da es so nicht geplant war, hatte ich nur meine Retrieverleine mit und kein Geschirr. Die Leine wanderte in Papilies Hand. Ich beschließe in diesem Moment meine bisher besten Röchel-Würgegeräusche abzuliefern. Ich übertreibe es dermaßen, das sogar mein sonst so ruhiger Papilie mit einmal nervös wird. Schluss mit lustig ist es, in dem Moment als ich mit ihm diesen kleiner Berg hochstiefelte. Alles war nass und rutschig und ich hatte es sehr sehr eilig und konnte mich nicht entscheiden ob ich ihn rechts oder links den kleinen Berg hochziehe... Stop !!!!...er liegt in der Matsche...sie ahnte was kommt, er sagte nicht viel, aber das was er sagte lies mich in dem Moment erstarren. Er schrie...und zwar mich an. So hab ich ihn in dem ganzen Jahr noch nicht erlebt. Ich glaube er hasste mich in diesem Moment. Seine Worte waren kurz und bündig, aber verdammt laut. Beide waren sowas von entschlossen, das mein Theater an der Leine nun ein Ende haben muss. Jipih ich war grad der Meinung er machte die Leine ab und ich bräuchte in Zukunft keiner mehr. Ne ich glaube das hat er nicht gemeint. Aber was so ganz genau, wusste ich nicht wirklich. Ohne aber nur ein weiteres Wort von beiden drehten die um und brachten mich zum Auto. Sperrten mich dort ein und gingen den Stuhl holen. Selbst wo die zurück kamen sprach keiner mit mir. Das tat mir aber echt mal richtig weh. Das Sie ab und an mal am Rad dreht bin ich gewohnt, aber doch nicht mein Papilie, bei dem bin ich normalerweise die Prinzessin. Heute wohl nicht mehr. Ich war sauer, auf alle, auf jeden. Wenn die beiden mal ehrlich sind, ist das doch alles nicht meine Schuld. Was kann ich denn als Hundekind dafür, das die das in einem Jahr nicht geschafft haben, mir sowas wie Leinenführigkeit beizubringen. Zu Hause wollte ich meine Wut an dem Aggrokater Pippilotta auslassen. Um den mach ich im Normalfall einen riesigen Bogen. Heute nicht, heute wollte ich mich streiten. Mich verstand doch eh keiner mehr hier . Das Katertier lag fett und vollgefressen auf meinem Couchplatz. Ich mich sofort 30cm höher gemacht und ohne Vorwarnung auf Angriff. Bum!.. der hat gesessen, mitten ins Gesicht rein. Aber es war mein Gesicht. Ich war mal wieder nicht schnell genug, da hat der mir die Kralle durchs Gesicht gezogen. Er bleibt liegen und ich verpiss mich lieber in die Küche unter den Tisch.

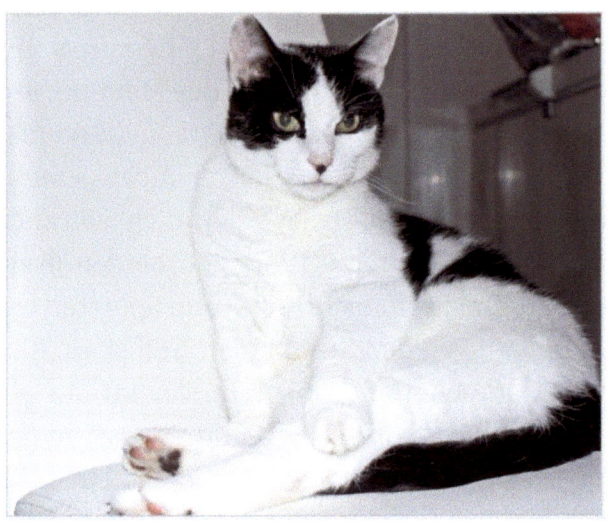

Hundeschule

48 Stunden nach diesem Vorfall hatte ich einen Termin in der Hundeschule.

Die beiden haben ernst gemacht. Ich sah das alles sehr sehr locker...hab mir so gedacht, „boah geil da sind sicher viele Hundekumpels zum toben". Der Herr Lehrer wollte zum Kennenlernen eine Einzelstunde mit mir und meine beiden mussten auch mit. Wir rollten auf den Parkplatz und beim Öffnen der Tür vom Gerdamobil gab ich sofort mein Bestes. Ich hatte keine Zeit zu warten das man mich bat ‚doch bitte auszusteigen. Ich war schon draußen bevor die eine Chance hatte mich an die Leine zu kriegen. Das beobachtete alles schon der Herr Lehrer. Sie kochte vor Wut bei dem ersten Eindruck den ich dem gab. Nun sollten sie erzählen wo die Probleme mit mir lagen. Ich wusste nun könnte es hier lang werden. Selbst beim Reden von den drei hatte ich meine Nase am Boden und wollte die durch die Botanik zerren. Ich roch die ganzen Kumpels die hier sonst so lustig toben würden. Sie quatschte Romane während er mich nur beobachtete. Nun kommts, da sacht die doch ernst, das ich eigentlich eine ganz liebe wäre, nur das Laufen an der Leine klappte nicht gut um es genau zu sagen eigentlich eher schlecht...um es präzise zu erklären...überhaupt nicht. Na prima, was übertriebt die so dermaßen und lässt mich vor dem so blöde da stehen?. Er hörte sich alles an und sagte ich mach mir mal selbst ein Bild.

Er nahm ihr die Leine aus der Hand. Dann hockte der sich vor mir hin und schniefte ganz komisch und sprach mit mir auf hundisch. Lacht nicht, das war wirklich so. Er machte meiner Sie Angst mit dem was er da tat. Sie guckte Papilie an und der guckte genauso dumm aus der Wäsche. Für Muddi war das ‚was er da gerade mit mir machte, alles andere als normal. Sowas haben meine beiden noch nie gesehen. Der redete nicht, der machte komische Geräusche. Klar hab ich jedes einzelne Wort verstanden was der mir sagte. Er meinte das er von uns zwei der Rudelführer sei und ich nun machen sollte was er von mir verlangte.

Nun erhob er sich wieder stand neben mir und gab mir mit komischen Gesten und ohne mich tot zu quatschen, zu verstehen, das ich neben ihm an der Leine zu laufen hätte. ICH TAT DAS !!!

Meine Sie stand da und ihr kullerte die Tränen, nie im Leben hat die mich so ordentlich an der Leine laufen sehen und das auch noch bei einem mir fremden Menschen. Papilie verstand das ganze Hokuspokus auch nicht mehr und wunderte sich nur noch, was ich da grade mache. Ich machte alles ohne einmal zu mucken was er von mir verlangte. Ich guckte ihm die ganze Zeit in die Augen. Das habe ich noch nie bei meinen beiden gemacht. Normalerweise schleift mein Kopf beim spazieren gehen immer auf dem Boden .Er redete nach wie vor nicht mit mir, wir verstanden uns über Körpersprache. Mir gefiel das sogar, endlich hatte ich mal eine klare Ansage, was ich machen soll. Sind ja meine beiden seid einem Jahr nicht fähig zu. Ich fand den nett. Wie auch immer er das schaffte mit mir, meine wusste in dem Moment das wir hier richtig sind. Wir sollten sogar Glück haben, es gebe noch einen freien Platz in der Hundegruppe die sich jeden Donnerstag um 15.30 trifft. Papilie haste sofort die Erleichterung angesehen, denn um diese Zeit ist er noch am Arbeiten. Das hieß, Muddi muss das allein mit mir durchziehen. Wir buchten sofort an Ort und Stelle den Grundkurs der 12 Einheiten betrug. Alles in der Hoffnung das ich nach den 3 Monaten alles perfekt beherrsche.

Den nächsten Donnerstag sind wir, wie immer die ersten, in der Hundeschule und stehen schon auf dem Platz und warten auf die anderen.

Nur was kommen da für Hunde? Davon konnte keiner das Wort toben und spielen aussprechen, weil die das glaube noch nie erlebt haben. Naja der Herr

Lehrer hat selber zwei Hunde mit , einer davon ist der Vorzeigeschüler, der muss uns immer zeigen was wir machen sollen. Der andere ist so nen bisschen gefährlich...ist irgend so ein mongolischer Hirtenhund...riesig um den macht jeder einen Bogen, der ist auch immer am Auto angeleint. Alle sind da es kann losgehen. Ich höre ihr Herz schlagen, das stolpert schon fast, so schnell geht das. Der Herr Lehrer meint, das wir beide in unserer ersten Stunde lediglich zugucken sollen. Sie atmet hörbar auf...stockt aber sofort , wo er sagte, das ich die ganze Zeit im Kommando „Platz" bleiben soll und jedesmal ,wenn ich mich erhebe und damit das Kommando eigenständig aufhebe, die Stunde für alle unterbrochen wird. Na super !!! sie dachte der spinnt doch. So eine Einheit dauert 1,5 Stunden , wie bitte schön soll ich solange neben den ganzen Hunden liegen bleiben wenn die da alle irgendwas apportieren dürfen und Kunsttücke zeigen . Alle standen parat auf der Wiese und der Unterricht begann. Aber nur für einige Sekunden...ich stand auf und fing an zu schnuppern. Sie kriegte Schnappatmung und zischte ich soll ins Platz. So ging das gute 40 Minuten lang, Sie war der Meinung wir fliegen eh gleich aus der Gruppe. Flogen wir aber nicht. Nach 40 Minuten habe ich aufgegeben und bin eingepennt . Das war auch verboten. Ich wurde unsanft von ihr wach gerüttelt . Nun meinte der Herr Lehrer ich sollte mit machen. „Ach neee"...dachte sie, eigentlich reicht ihr das schon alles für heute. Nun soll sie sich auch noch zum Clown machen. Was bitte schön von den Kunsttücken die die ganzen Streberhunde hier könnten sollte ich mit machen ? Alle bildeten einen Kreis. Er nahm mich und setze mich in die Mitte des Kreises. Ich sollte sitzen bleiben und zu keinem anderen Hund hinrennen. Sie wünschte sich in dem Moment auf eine sonnige Südseeinsel ohne Menschen und Hunde. Ich saß in der Mitte, er leinte mich ab und zischte wieder mit mir so komisch. Ok ich wusste Bescheid und rührte mich nicht einen Millimeter. Sie staunte Bauklötzer. Die Hunde um mich herum mussten einzeln irgend so nen Quatsch vorführen .Ich blieb sitzen, habe nur den Herr Lehrer angestarrt. Sie hätte am liebsten heulen können, nie im Leben hätt die mir sowas zugetraut. Er leinte mich wieder an und brachte mich zu ihr. Nun saß ich wieder vor ihren Füßen. Kurze Zeit später sollte sie das mit mir machen. Voll motiviert setzte sie mich in die Kreismitte, leinte mich ab und stellte sich wieder an den Rand zu den anderen. Ich gab Vollgas, habe jeden einzelnen Hundekumpel erstmal ordentlich begrüßt und gefragt ob die mit mir toben wollen. Nix funktionierte so wie es vor einigen Minuten war. Ich machte sie damit zum Volltrottel. Der Lehrer griff ein, nahm mich, meckerte mit mir auf hundisch und stellte mich neben ihr ab. Endlich war die erste Stunde um . Er nahm meine Muddi beiseite und sagte, das ich das schon ganz gut gemacht habe...es sei sehr schwer für einen jungen Hund einfach gehorsam sitzen zu bleiben, während die anderen toben, und das hätt ich ja mal zeitweise ganz gut hingekriegt. Diese Worte brauchte sie, das baute sie auf .Ich glaube sonst wären wir da nie wieder hingefahren.

Am folgenden Tag berichtete Sie sofort in meiner Gerdagruppe bei Fatzebok von ihrem Erfolg, naja nicht ihrem, aber davon was der Herr Lehrer mit mir gemacht hat, was Sie bisher nicht schaffte.

Das muss sich so ziemlich überzeugt angehört haben, denn meine Freundin Kim bekam auch sofort einen Termin aufgebrummt. Ihre Muddi und Papilie hofften wohl auch auf ein Wunder.

Ich denke es ist hier an dieser Stelle mal genau richtig mich öffentlich bei Kim dafür zu endschuldigen:

Liebe Kim, tut mir leid , das ich dich da mit reingezogen habe, konnte ja keiner wissen, was da alles so auf uns zukommt.

Die nächste Stunde besuchte ich mit Kim gemeinsam. Daß es ein riesiger Fehler war , das man uns zwei ausgerechnet in die selbe Gruppe steckte, lag ja nun nicht an uns.

Der Herr Lehrer sah uns Labbis glaube nie wirklich als eine Herausforderung an. Aber, auch er kann sich täuschen.

Meine Muddi konnte den ja noch in den ersten Terminen ganz gut leiden, je länger sie mit mir da hin musste, umso blöder fand sie den. In ihren Augen mochte der erstens keine Frauen, dann hatte der von dem Wort „einfühlsam" und „sensibel" noch nie was gehört. Ihm machte es auch nix aus, die Hundeeltern dort auf dem Platz vor versammelter Mannschaft zur „ Sau" zu machen. Naja da war er bei meiner Muddi genau richtig.

In unserer Gruppe waren so ca. 6 Hunde, mal mehr mal weniger die immer anwesend waren. Nur einer davon war genauso durchgedreht wie wir, ein Labradoodle. Der war grad mal 6 Monate . Die anderen waren in unseren Augen nur Streberhunde. konnten alles perfekt. Kein Wunder, nach einigen Gesprächen fand meine Muddi heraus, das die da seid Jahren hinrennen, die haben das wohl als ihr Hobby angesehen und als Zeitvertreib genutzt. Wie auch immer, Kim und ich gingen dorthin um wirklich was zu lernen. So jedenfalls der Plan unserer Zweibeiner.

An einigen Unterrichtstagen trieben wir den Herr Lehrer in den Wahnsinn. Anstatt das Kim vor uns allen zeigt wie sie apportieren kann, was sie nie wollte, ging sie auf die Mitte des Platzes, setzte sich hin und legte erstmal einen großen Berg. Das Gelächter war auf ihrer Seite. Warum der Lehrer da nicht drüber lachen konnte, weiß ich auch nicht. Ich bewunderte Kim für die coole Aktion. Er wollte auch immer , das wir genau das vor allen vorführen sollten , was wir überhaupt nicht konnten. Mein blödesten Spiel war durch so ne Stangen zu laufen, ach nee, das war bei dem kein laufen, das war mehr tanzen. Wir sollten ja nach der Fichtelmaier Methode erzogen werde, da geht's alles nur wortlos und mit Körpersprache. Nicht um das Geschlabbere was sie mit mir den ganzen Tag abzieht. Das Spiel ging so. Hund sitzt ja im Unterricht immer links neben der Muddi. Die muss dann den Hund vor sich holen und der soll sie angucken. Dabei muss Hund sitzen. Dann wird abgeleint und Hund muss bei Fuß neben ihr bis zu den Stangen gehen. Vor den Stangen wird gestoppt um dann gemeinsam langsam um die Stangen zu gehen, Wende und das ganze Spiel vom Stangenende wieder bis nach vorne und dann zurück zum Platz. Verstanden ?...egal, ich bis heute nicht .

Diese blöden Spiele wurden nur einmal vorgeführt und in der Zeit mussten die Hundeeltern genau aufpassen, es gab keine Wiederholung. Sie musste also jeden Schritt den sie mit mir machen sollte kapiert haben. Denn....der Herr Lehrer rief bei dem kleinesten Fehler „ STOP", ich korrigier mich mal kurz, er rief nie, der brüllte, und man musste sofort abbrechen und an seinen Platz zurück. Der nächste kam dann dran. In der Zeit haben alle Hunde im Sitz neben ihrer Muddi zu sitzen , nix mit chillen und schlafen. Alle guckten zu bis der nächste an der Reihe war.

Wir waren dran. Sie nahm mich aus dem Sitz und führte mich vor sich. Sie vergaß die Leine abzulegen und wollte mit mir bis zu den Stangen gehen. „STOP Fehler" brüllte der nur und somit war der nächste dran. Wir haben es in der ganzen Schulzeit nicht einmal geschafft die Übung vom Anfang bis zum Ende durchzuführen.

In seinen Augen waren wir zwei dämliche Labbis, ok, er hatte nicht unrecht. Einiges konnten wir, aber das meiste wollten wir nicht machen. Und den Anschiss haben immer meine Sie und Kims Muddi kassiert. Die Papilies haben sich ja erfolgreich bei unserer Ausbildung gedrückt. Komischerweise waren da nur Frauen mit ihren Hunden, das musste ja auch ein Grund gehabt haben. Den kannte ich aber nicht.

Letzte Schulstunde. Beide wurden wir entlassen mit dem Prädikat „ teilgenommen" zwar nicht erfolgreich und eine Wiedervorstellung wäre dringend nötig gewesen. Aber wir hatten die Schnauze gestrichen voll. Aber, es gibt viele Dinge, die wir auch gelernt haben. In der langen Zeit zwar wieder vergessen, aber wir konnte das mal. Und Kim hat es mir nie für übel genommen und ist bis heute noch meine Freundin. Leider gibt's es aus unserer Hochschulausbildungszeit nicht ein einziges Beweisfoto das wir teilgenommen haben. Aber das waren für unsere Muddis jedes mal neunzig Minuten höchster Konzentration. Da war an knipsen nicht eine Sekunde zu denken.

Ich muss unters Messer

Der Sommer geht zu Ende.

Meine zweite Läufigkeit habe ich grade hinter mir. Lief alles sehr gut ab und meine Sie sacht, ich wäre ein sehr reinliches Mädchen. Ich habe nie irgendwas versaut. Nun bin ich aber schon kurze Zeit später wieder Scheinschwanger mit allen dazu gehörigen Symptomen. Mir geht's echt nicht gut. Ich bin den ganzen Tag am weinen und jammern. Spielzeug haben sie mir auch wieder alles weggenommen. Ich leide richtig. Meine Gesäuge ist alles stark geschwollen und tut mir weh. Ich will das nicht . Von meinen zwei Katern stellt sich wieder Karl-Inge selbstlos zur Verfügung. Der setzt sich sofort in mein Körbchen zu mir und ich tu so als ob er mein Welpe wäre. Nur doof, das der ab und an auch mal raus will. Naja ich hab ja noch einen anderen Kater. Heute habe ich mal voll höflichst den Pippilotta gefragt, ob der mit mir ins Körbchen will. Er macht nämlich heut einen ganz netten Eindruck. Der guckt mich an und fragt mich, ob ich todesmutig geworden wäre. Ich kassierte sofort ein Anschiss. Eigentlich will der ja mit mir da rein, der weiß das nur noch nicht. Glaub ich jedenfalls.

Alle zwei Tage sitz ich bei Frau Doctor. Nun gibt's schon eine richtige Dröhnung an Tabletten, damit ich bald wieder normal werde.

Und hier sei mal zu erwähnen, an alle die nun grade denken" nun schleppt die den Köter schon wieder wegen jeder Kleinigkeit zum Arzt". Muddi sagt immer, „ich bin ihr erster Hund, sie hat keine Ahnung von Hundekrankheiten und sonstigem. Ich bin ihr soviel wert, das egal was ich habe, sie lieber einen Fachmann einmal mehr drauf gucken lässt, wie einmal zu wenig".

Meine beiden finden das ganz unerträglich mich so leiden zusehen und nicht helfen zu können. Es wurde ein sehr gut überlegter Entschluss gefasst. Ich werde kastriert. Den Gedanken an kleine Welpen von mir, den gab es hier nie. Zumindest nie bei Muddi , bei meinem Papilie sah das ganz anders aus. Nur wenn das mal so gekommen wäre, hätt er das nicht übers Herz gebracht, auch nur eine kleine Mini-Gerda oder Mini-Gerd weg zu geben.

Einige Wochen gingen ins Land und mein OP Termin stand an. Meine Beiden haben die ganze Nacht kein Auge zugekriegt. Papilie musste auf Arbeit und meine Sie fuhr mich pünktlich zum Termin zu Frau Doktor. Ich ahnte nichts Gutes an dem Tag, hab doch voll mitbekommen, das heute irgendwas komisches passiert.

Auch nach all den unzähligen Terminen , meist von unsinniger Natur, geh ich nach wie vor sehr gern zu meiner Frau Doktor. Kann immer gar nicht erwarten das ich aufgerufen werde.

„ Die Gerda ist dran" rief das Helferlein von Frau Doktor. Ich stand in Sekunden im Sprechzimmer. Wieso fing meine nun an zu zittern ?..Man hob mich auf den Behandlungstisch, allein das war voll komisch, da musste ich noch nie drauf. Die Frau Doktor beugte sich immer zu mir runter auf den Boden wenn ich da im Zimmer war, damit ich da nie Stress bekomme. Hier stimmt irgendwas heute nicht, das wird selbst mir nun klar. Na toll, nun habe ich auch Schüss.

Ich bekomme eine Spritze .Macht mir nix, habe ich noch nie ein Problem mit gehabt. Was passiert denn nun mit mir??? Ich merke ihren Atem an meinem Gesicht, meine Pfote in ihren Händen. Ihr Tränen tröppelten auf mich.

STILLE....

Ich merke wie ich leichter werde und schwebe. Ich höre noch Stimmen kann die aber nicht zu ordnen. Irgendwas bewegt sich, man schiebt mich in ein anderes Zimmer. Innerlich reise ich noch, aber wohin?..

Ich bin angekommen. In meiner kleinen pinken Welt mit dem Ortseingangsschild „Fleischdorf".

Mega geil, am Ortseingangsschild steht "anleinen verboten". Überall Fliegen Knochen und Pansenstangen. Das muss das Paradies sein. Ich genieße in vollen Zügen meine neue kleine Welt. Lediglich dieses nervige Geruckel und Gezerre an mir macht mich bekloppt. Ich schrecke kurz auf, was bitte macht mein Aggrokater Pippilotta hier?..der gehört doch nicht in meine pinke Traumwelt. Ich fühl mich grade voll gut.

Die Stimmen im Hintergrund werden lauter und ich merke das etwas Panik ausbricht. Was auch immer die da alle grade mit mir machen, irgendwas ist nicht nach Plan gelaufen.

Sie ist derweilen nach Hause gefahren. Von der Praxis bis zu uns sind es nur fünf Minuten mit dem Auto. Sie sitzt zu Hause, stundenlang und wartet auf den Anruf, das sie mich wieder abholen könnte. Anstatt sie diese Zeit mal nutzt, um mit dem Putzlappen durch die Wohnung zu rennen Aber dazu hat sie keinen Nerv. Das Telefon klingelt .Die Praxis ist dran und teilt ihr mit, das sie mich noch nicht holen könnte, ich hatte leichte Kreislaufprobleme und müsse noch da bleiben, bis man sicher ist, das es mir wieder sehr gut geht. Das war ihr zuviel. Die Zeit bis zum nächsten Anruf ist sie zu nix in der Lage. Sie flennt ohne Unterbrechung. Es ist nachmittags und Papilie ist nach Hause gekommen. Sie schweigen sich beide nur an. Jeder ist mit seinen Gedanken bei mir und betet und hofft das alles gut geht.

Meine pinke Welt verliert an Farbe. Mein Ortseingangsschild entpuppt sich als OP- Lampe. Ich bin zurück. Ich kann mich nicht bewegen, mir tut alles weh. Um mich herum die beiden Helferlein von Frau Doktor. Wo ist bitte schön meine Muddi?

Beide sitzen seid langen schon im Wartezimmer .Die Praxis ist leer, weil es kurz vor Feierabend ist. Frau Doktor kommt endlich zu ihnen und berichtet. Die OP sei gut verlaufen, nur hätte ich zwischendurch leichte Kreislaufprobleme bekommen. Das Röntgen der Hüfte und Ellenbogen war ohne Befund. Achso das erklärte also das Gezerre an mir. Das einzigste was sie den beiden noch blödes sagte, das sie in Zukunft auf meine Figur achten sollten, ich neige dazu fett zu werden !!!! Hallo?,geht's noch ?

Sie dürfen zu mir. Und logo fängt meine Sie sofort an zu heulen, wie sie mich da so sieht. Papilie reißt sich zusammen, einer muss ja hier die Nerven behalten. Ich bin nicht ich. Kann das alles noch nicht einordnen, weiß nur, mir tut alles weh und ich will nach Hause. Ich durfte aufstehen. Bin total wackelig und unsicher. Herr im Himmel...was hat man mir da angezogen? Ich laufe rum wie ein Schlumpf. Mir hat man doch ernsthaft so einen quitscheblauen Boddy angezogen. Wer designed denn so was, und warum gibts den denn nicht in pink? Na hoffentlich sehen mich nicht die Nachbarshunde so. Die nehmen mich doch nie wieder für voll.

Endlich zu Hause. Ich ninnere und jammere. Falle immer wieder in einen nervösen Tiefschlaf. Frau

Doktor meinte das ist alles normal, die Narkose schleicht sich aus.

Unsere Wohnzimmer wurde in meiner Abwesenheit zum Matratzen Lazarett umdekoriert. Wir verbringen alle drei gemeinsam die erste Nacht auf den Matratzen. Keiner von beiden schläft, weil ich total unruhig bin und weine.

Der nächste Morgen. Ich bin noch sehr sehr wehleidig, ok, das bin ich immer wenn ich kränkele. Ich habe weder Durst, noch Hunger, noch will ich einen Berg machen. Alle drei Faktoren findet sie beängstigend. Gegen Mittag sollen wir nochmal zu Frau Doktor, nur gucken ob alles in Ordnung ist mit mir. Ich habe mein vollkommen kahlrasierten Bauch noch nicht gesehen, es hat ja niemand hier Versuche unternommen mir dieses hässliche Dingen auszuziehen.

In der Praxis ist man sehr zufrieden mit der Wunde. Sie sagte nur zu mir ich soll da ja nicht dran lecken. Denn es fängt nun an zu jucken, weil ja auch bald die Haare wieder nachwachsen. Das mit dem nix Fressen und Trinken hatte sich nach dem Besuch bei ihr auch sofort erledigt. Mir bereitete man, genauso wie man es auch mit kleinen Menschenkindern macht wenn die krank sind, das Lieblingsessen zu. Ich futterte und trank mit Genuss. Das beruhigte Muddi sehr, denn das Wochenende stand an und da hat Frau Doktor ja frei.

Die darauffolgende Nacht war ekelig, mich juckts wie bekloppt .Zu meinem Glück sitzt dieser Buddy nicht straff genug, so konnte ich ihn , während meine beiden auf der Matratze im Wohnzimmer feste schnarchten, im Dunkeln beiseite schieben und mal ordentlich jucken und sauber lecken.

Natürlich merkte sie am nächsten Morgen sofort das ich da dran war .Es war alles ziemlich rot und sah jetzt nicht so aus, als wäre es kurz vorm heilen. Zwei Minuten später hatte ich zusätzlich zum Buddy eine aufblasbare Halskrause um. Das ist voll die geniale Erfindung. Ich nutzte es immer als Kopfkissen, konnte somit überall bequem einschlafen.

An diesem Sonntagmittag wollte sie meinen Buddy mal ebend durchwaschen, der hatte das dringend nötig. Sie nahm die Krause ab und zog mir den Buddy aus. Ich sah zum ersten mal nach der OP im Tageslicht auf meinen Bauch. Es war der pure Horror für mich. Ich fühlte mich nackig und unvollständig ohne den Buddy. Von jetzt auf gleich fing ich an zu spinnen. Meine Rute war eingeklemmt zwischen meinen Beinen mit aufgerissenen Augen drehte ich mich ständig winselt und vollkommen apathisch im Kreis. Beide waren schockiert von diesem Anblick, konnten nicht verstehen was gerade mit mir passiert. In ihren Augen sah ich Angst, richtige Angst. Sie waren der Meinung ich muss Schmerzen haben ohne Ende. Kurzes Telefonat, daraufhin saß ich ohne Krause und Buddy im Auto und es ging in die Tierklinik. Ist ja wie immer wenn ich was ernstes habe an einem Sonntag. Wir mussten nicht warten und kamen sofort dran. Die Ärzte sahen sich meine Wunde an, sie fanden die nicht dramatisch und die Schmerzen die ich haben musste, konnten die sich auch nicht erklären. Ich kriegte vorbeugend ein Schmerzmittel gespritzt und wurde noch gründlich untersucht. Kein Befund. Wir zahlten die zuschlagspflichtige Sonntagsrechnung und fuhren nach Hause. Meine beiden hätten lieber eine richtige Diagnose bekommen sie hatten Angst nachdem ich mich so komisch verhalten habe, das die in der Klinik was übersehen haben. Sie konnten aber nix machen. Ich stand immer noch mit weit eingezogener Rute da, konnte kaum laufen und die Angst stand auch mir nach wie vor ins Gesicht geschrieben.

Mein Buddy war mittlerweile gewaschen und getrocknet. Sie wollte mir den anziehen bevor ich mich hinlegen sollte und so vielleicht endlich zur Ruhe komm und die Spritze ihre Wirkung zeigen kann. Ich bekam den Buddy an und die Halskrause umgelegt. Und nun kommts!!!!

Ich war wieder „vollkommen" in meinen Augen. Mit Buddy und Krause fühlte ich mich sicher. Stand auf schüttelte mich kurz kräftig und wackelte mit schwingender Rute Richtung Kühlschrank. Beide stehen da, gucken und trauten ihren Augen nicht. Ich bin geheilt! Sie konnte es nicht glauben, ich hatte nix mehr, war binnen Sekunden wieder die Alte. Das konnten beide nicht begreifen. Papilie wollte es genauer wissen und so zogen sie mir den Buddy wieder aus. Es begann das gleiche Szenario...Rute vor Angst zwischen den Beinen, weit aufgerissen Augen und ich dreh mich wie ein Karussell vor Unsicherheit im Kreis. Ok damit war die Diagnose gestellt. Begreifen können das beide nicht wirklich, aber sollen die sich doch mal komplett nackig machen und so rumrennen. Ich fands unangenehm und hatte Angst, so nackelig ohne Fell am Bauch immer mit Blick auf diese Wunde. Nun waren sie sich sicher, mir fehlte organisch nix, ich hatte nur einen gewaltigen Dachschaden. Diese Summe die sie nun in der Klinik blechen mussten wurde mir noch Monate vorgehalten. Die nächsten zwei Wochen lief ich keinen Schritt ohne mein Buddy. Wenn der in der Wäsche war, hatte ich „Ersatz" an.

Sie hatte nun 10 Tage Zeit bis zum Termin des Fäden ziehen mich von dem Buddy abzugewöhnen. Das geschah ziemlich simpel, zumindest hat sie mich damit schön verarscht, denn ich hab das nicht wirklich mitgekriegt. Jeden Tag schnitt sie ein Stück des Buddy ab. Am letzten Tag hatte ich nur noch das Brustteil um. In dieser Zeit lief ich zwar rum wie ein Kötar von den Flodders, aber das war mir ja eh egal.

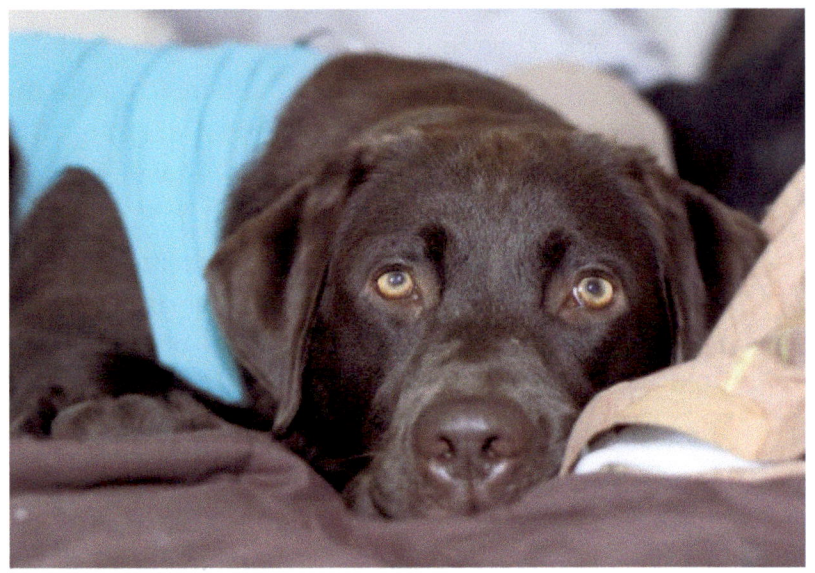

mein erster Karpfen

Es gibt nicht wirklich so viele Dinge vor denen ich so richtig Schüss habe. Aber zu meinen Erzfeinden zählt nach einem schönen Vollbad der Haarfön. Monate konnte ich mich ja davor drücken, aber heute hat sie ihn zielgerichtet gefühlte Stunden direkt auf mich gehalten. Wenn der schon angeht und darum pustet krieg ich Panik und will weg. Bisher hat sie da immer sowas wie Einsicht gezeigt und mich damit verschont. Ja klar...andere Hundekinder müssen nicht in die Wanne. Aber bei mir gibt's ab und an keine Alternative dazu. Jeden Morgen fährt sie ja mit mir zum Kanal, damit ich ausgelastet werde und richtig toben kann. Wir waren keine zehn Minuten unterwegs, da lag er da. Ich renn ja immer vorraus und scheck die Lage. Da sie nicht so die schnellste ist, ergriff ich sofort meine Chance. Ich roch ihn schon von weitem.

Ihn-den Karpfen-ein riesiges Exemplar seiner Gattung-gut abgelagert - Wochen gereift-von genussvollen Gasen schon bis kurz vorm Platzen gefüllt.

In Sekunden stellte ich mein klares Denken ab und landete mit einem beherzten Sprung mitten drin. Im Karpfen.

Leck mich an die Füße...was kann so ein aufgedunsener Fisch laut knallen beim Platzen. Ich passte mit meinem ganzen Körper drauf. Und damit auch jedes meiner Haare was abbekam drehte ich mich mehrfach in den Karpfen rein. Es war einfach nur herrlich. Die ganze modrige Flüssigkeit übergoss sich auf mich.

Selten hab ich sie so schnell laufen gesehen, eigentlich wusste ich bis da gar nicht, das sie es kann. Ihre Begleiterscheinung dabei war ein Tobsuchtsanfall nach dem nächsten. Die wurden nicht geringer, nachdem sie merkte, das ich da nicht rauszuholen war. Sie wollte mich ja nicht anfassen. Mit Füßen wurde ich aus meinem Karpfen gelatscht. Mein Fell glänzte vor Fischschleim und den dran geschmierten verwästen Innereien.

Sie jochte mich trotz der herbstlichen Temperaturen ununterbrochen in den Kanal. Ich sollte Bahnen ziehen in der Hoffnung das grobe vom Fell abzukriegen. Half nicht wirklich. ich roch noch erbärmlich. Zu Hause gabs dann sofort ein Vollbad. Mittlerweile liebe ich das baden ja.

Im Normalfall werde ich dann nur mit einem Handtuch abgerubbelt. Aber diesmal griff sie zu diesem Monsterteil-dem Fön.

Bevor der angeknipst wurde, schloss Muddi die Zimmertüren. Flüchten war somit ausgeschlossen. Ich ninnerte rum und machte voll den Affen. Sie war unbeeindruckt, sie fand das wohl noch schön mich zu quälen. Wäre mein Papilie jetzt hier, hätte der mich längst befreit mit den Worten, „die trocknet auch so". Er war aber nicht hier. Ich dachte wenn ich heule und Krokodilstränen rausdrücke wird sie weich. Ich habs ja versucht, es kamen aber keine Tränen. Sie wurde nur noch wütender, weil durch die warme Fönluft der noch tief anhaftende Karpfenduft wieder zum Vorschein kam. Irgendwann gab sie es genervt auf. Ich wurde wie immer nach dem Baden in Decken eingemummelt auf die Couch gelegt. Da es draußen schon ziemlich frisch war, hat sie mir den Kamin ungemacht. Es wurde so richtig gemütlich, vor allem weil mit jeder steigenden Gradzahl im Zimmer auch der Karpfenduft zunahm. Es roch bei uns wie eine Füschbrötchenbude an der Ostsee, die vor Jahren schon zugemacht hat und vergessen hat die Auslage mit dem Füschbrötchen zu entsorgen.

Advent ‚Advent ein Lichtlein brennt

Es geht wieder los. Dieser Zustand wo aus Kellern und Dachböden ein Jahr lang verstaubte Kisten und Kartons rausgekramt werden. Letztes Jahr habe ich das noch nicht so wirklich registriert. Das ist ein Frauenproblem, und ganz schlimm wird's bei denen ab 35 Jahre, so meine Beobachtung. Keine Ahnung woran das liegt und was der Auslöser ist. Eigentlich steht sie hier nicht so auf Dönekes und Krimskram, aber das scheint in den nächsten Wochen alles vergessen zu sein.

Das sind diese Momente an denen ich am menschlich geistigem, klarem Zustand zweifele. Ständig jammert sie rum, das ihre Fenster schon wieder vom Regen so schmutzig wären, und nun sprüht sie im vollen Bewusstsein diese noch mit so einem weißem Spray voll, das man kaum noch rausgucken kann. Der Inhalt ‚dieser Kisten aus dem Keller, wird wahllos und ohne jeglich erkennbares System auf allen Schränken und Tischen verteilt. Ich glaub getreu dem Motto: „Egal wie es aussieht es muss alles hingestellt werden". Selbst unsere Stühle tragen auf einmal einen roten Umhang. Von dem ekligen Gestank im Haus der aus diversen Kerzen und Sprühautomaten strömt ganz zu schweigen. Ich krieg davon Koppschmerzen, aber scheint hier keinen zu interessieren. Soviel habe ich schon mal mitbekommen. Es nennt sich ADVENT!

Die einzigste positive Begleiterscheinung dieses komischen Advents ist, das die viel Zeit in der Küche verbringt. Sie versucht sich an Keksen und mein Job da bei ist es, dafür zu sorgen, das der Küchenboden sauber bleibt.

Unsere Bude sieht aus wie eine vollgestopfte Messihöhle. Ich bin ja echt froh, das an meinen Näpfen nicht auch noch eine Lichterkette baumelt. Einige Tage nachdem der Zustand hier so anhält hat sie folgendes zu verkünden. Wir feiern Weihnachten mit der gesamten Familie zusammen unterm Baum. So nun haltet euch fest !!! Nein, nicht zu Hause...es geht mit allen an die Nordsee. Nun bitte schön kann mir jemand erklären, warum dann dieses ganze Spektakel hier veranstaltet wurde ‚wenn wir eh nicht da sind? Ich werd`s nie verstehen. Papilie kann`s mir nicht erklären, er versteht sie auch nie in solchen Dingen und schiebt s immer auf die Hormone im zunehmenden Alter.

Gesamte Familie heißt auch, meine Oma kommt, ob das alles so gut ist, wird sich zeigen. Zum Glück seh ich die eh selten, die findet nach wie vor, ich würde gefährlich aussehen.. Meine Muddi sieht`s locker und lässt die mal schön in dem Glauben. Das Buchen des Hauses übernimmt man hier persönlich. Es muss groß sein das alle 10 Personen genug Platz haben und ihr eigenes Zimmer. Nicht das ich nachher noch bei Oma im Bett schlafen muss! Tantilie hat seid einigen Monaten ein Austauschschüler bei sich wohnen, den bringt sie auch mit. Ist so einer mit großem Hut und Poncho. Na das kann ja lustig werden.

Alle sind angekommen . Nun weiß ich was „ nordische Brise" bedeutet. Hier im Ruhrpott würde man sagen Sturm mit angehendem Weltuntergang. Es ist arschkalt, es regnet Eiszapfen und von dem Sturm mal ganz abzusehen. Alles in allem nicht mein Wetter. Koffer sind grade ausgepackt und sofort wollen wir ein Spaziergang zur Nordsee machen. Ist alles von unserem Ferienhaus nur ein paar Minuten entfernt. Die paar Minuten entpuppten sich als Überlebenstraining. Ein Schritt vor, fünf Schritte pustet dich der Wind zurück. Noch ein Stücke über so einen Sandberg und dann soll da das Meer sein. Ich hab es ja noch nie gesehen, das Meer. Und so soll das wohl auch bleiben. Sie hat glaube bei der Buchung vergessen das Kreuzchen bei „ Wasser" zu setzen. Kein Meer da, weit und breit nicht. Wie peinlich ist das denn bitte schön für die??? Lange hielten wir uns da nicht auf, war einfach zu kalt und zu windig. Am nächsten Morgen , dem Tag des Jahres, der 24.12. sitze ich beim örtlichen Tierdoktor. Ich habe Wind im Ohr. Der Doktor ist nett, obwohl er bei mir im Ohr rumfuchtelt. Alles nichts dramatisches, nur leicht gerötet ,ich soll Wind meiden. Ab dem Tag hab ich im Urlaub eine Mütze auf wenn ich rausgehe zum pullarn. Weigern war zwecklos, also hab ich das Beste draus gemacht. Die Kumpels da im Urlaubsdorf die ich immer auf der Runde getroffen haben, fingen an zu lachen. Aber ich habe denen dann erklärt das, es momentan der neuste Schrei sei in der Großstadt aus der ich komm. Zum Glück wussten die ja nicht das mein Dorf zu Hause, kleiner war, als das wo ich Urlaub machte. Es hat nur einen Tag gedauert und einer meiner Kumpels hatte och eine Mütze auf. Keine Ahnung ob der mir das glaubte oder ob der auch zum Doktor musste . Oma hat sich im Urlaub zusammen gerissen. Die zuckte nicht mehr ganz so zusammen wenn ich auf die zugestürmt komme. Aber ein Weihnachtsgeschenk hatte die trotzdem wieder nicht für mich mitgebracht. Ich hatte da wirklich schöne Tage. Dadurch, das ich kaum raus durfte, konnte ich den ganzen Tag mit meiner Lieblingsfreundin Melissa spielen.

Ach, fast hätt ich das doch das wichtigste in meinem Leben vergessen, ich Dummerchen. Meine Hundefreunde kriegen ja immer was von mir zu Weihnachten. Letztes Jahr habe ich denen eine Tasse geschickt, logo mit einem Bild von mir drauf. Dieses Jahr sollte es wieder was „kreatives" sein. Also hatte meine Sie lange hin und her gegrübelt. Und beim Suchen der Kisten mit Weihnachtsgedönse , war eine Kiste dabei ,da waren so Lederfetzen und Stoffreste drin. Irgendwas sollte nun aus diesen Resten „ entworfen" werden. Sie kramte ihre alte verstaubte Nähmaschine raus und legte los.Ich habs schon kommen sehen, das ich ihre Finger da unter der Nadel vorfriemeln muss. Ich war mir sicher, das es wieder ein Projekt wird, was nach drei Tagen auf Eis gelegt wird, und das für die nächsten 10 Jahre. Aber ich sollte mich irren.

Es entstanden die ersten Halsbänder. Zwar noch sehr sehr primitiv, aber tragbar. Jeder Kumpel von mir hatte eins unter dem Weihnachtsbaum. Zu meiner Verwunderung hatte sie nach kurzer Zeit echte Nachfrage nach den Dingern. Ich selber trag ja eigentlich gar keine Halsbänder, ihr wisst schon, wegen dem Geräusch beim Ziehen an der Leine .Die Idee war geboren. Und meine Sie ist ja da so ziemlich genau und deshalb beschloss sie, das so richtig ordentlich anzugehen. So wirklich offiziell.

Am 11. Januar 2015 sind wir beide zum Gewerbeamt hier auf dem Dorf gegangen. Das nenn ich mal eine Blitzkarriere .Ich wurde von jetzt auf gleich Firmenchefin. Naja die Sache mit der Unterschrift hab ich ihr dann überlassen. Aber ich durfte Bestümmer sein, wie mein Laden hieß.

Und an diesem Tag ist mein „ GerdaStore" geboren.

Zu ihrem Übel benehme ich mich auch nun wie eine richtige Chefin. Imme große Fresse, alles besser wissen , aber nicht können .

die lieben Mitmenschen

Es ist zwar Winter aber Schnee hab ich immer noch nicht gesehen in meinem Leben. Fühle mich heute irgendwie so ein bisschen daneben. Also machen wir beide eine Dorfrunde. Ich hatte zum Frühstück Seelachsfilet, mein Magen-Darmbereich wollt den ganz dringend wieder loswerden .Nur blöde, meinte er das mitten auf der Straße machen zu müssen. Aber ich konnte es nicht anhalten, mir standen schon die Tränen in den Augen, so nötig musste ich Kackerlie machen .Zum Glück hielt sie an der Ampel, es wurde auch gleich grün. Wir konnten bei diesem „grün" die Straße nicht überqueren, alle anderen Leute schon. Ich hab mich hingehockt und einen riesigen Berg gemacht. Ihr fiel die Farbe aus dem Gesicht, schlimmer wurde es wie die Leute , die uns von der anderen Straßenseite entgegen kamen, einen riesigen Bogen um mich und meinen Haufen machten. Meine Güte, sowas kann doch mal passieren. Blöde nur das es so dünn war. Muddi musste da nun peinlichst genau kratzen um alles in die Kackerlietüte zu bekommen. Dann gibt es die Sorte von „älterem Herrn" mit Bundfaltenhose bis über den Bauchnabel gezogen, Hut, Schal und Krückstock. Im früheren Leben gern Polizist geworden, hat aber dann nicht gereicht dazu. Die sich dann neben einem stellen und akribisch beobachten, das auch wirklich die Grundstücksflächen der Stadtgemeinde von Kot befreit werden. Erst blieb der „Herr" wortlos. Das reichte meiner Muddi schon aus. Sie kochte innerlich vor Wut. Explodiert ist sie aber erst, wie er anfing mit seinem Krückstock im Takt auf den Boden zu klopfen. Keine 20cm neben ihr. Sie genoss eigentlich eine straffe ostdeutsche Erziehung . Diese legte sie aber sofort ab, nachdem der Herr mit der Spitze seines Krückstockes auf ein fünf Millimeter großes Stück flüssigen Kotes hindeutete. Er tat dies wieder wortlos. Muddi versprach ihm felsenfest, wenn er sich nicht gleich aus dem Staub macht, würde er dieses fünf Millimeter große Stück Dünnpfüff im Inneren seiner Manteltasche wieder finden. Naja es folgten noch so diverse Sätze von ihr. Krass...was meine Muddi alles so für Wörter kennt. Hätt ich ihr nie zugetraut. Der Herr dachte das gleiche wie ich und verschwand. Zu seinem Glück wieder wortlos. Naja jedenfalls ist Seelachs auf meinem Frühstücksplan erstmal gestrichen. Und sie überlegt ob sie lieber statt ein Paket Tempotaschentücher, lieber eine Küchenrolle und Gummihandschuhe für die Zukunft in ihre Handtasche einpackt.

Auch mit der Zeit wird es einfach nicht besser. Ich meine mein Verhältnis zu Pippilotta, dem Aggrokater. Ich bemüh mich nun auch nicht mehr. Ich kann nicht mehr zählen wie oft der mich schon verdroschen hat, aber heut ging er definitiv zu weit. Er hat sich an meinem Karl-Inge vergriffen. Wir lagen beide eng umschlungen, also so wie jeden Tag mittags auf der Couch und guckten Fernseh .Da kommt der angeschlichen und ohne Vorankündigung hat der meinen Karli vermöbelt. Todesmutig bin ich von der Couch gehopst, auf den zu gesprungen und gebellt. Ich habe alles gegeben. Dem kam das wohl eher lächerlich vor, der hat sich nicht mal bewegt, sondern setzte sich noch total provozierend vor mich hin und fauchte. Bin ja nun auch nicht lebensmüde .Darum hab ich mich selber zum Rückzug gerufen. Wieder auf die Couch gehopst und gewartet. Naja so ein bisschen hab ich gezittert. zum Glück kam sofort Muddi an und hat den nach draußen in Garten gejocht. Nun ist der Zeitpunkt gekommen wo ich den gern verschenken würde.

das Geknipse ist peinlich

Da schnappt sie mich und ihr neues Aufschraubteil für die Knipse und fährt mit mir an meinen Kanal. Sie will testen, das ist so ein Ding, wo sie am Boden liegt, weil sie irgendwelche Blumens und Krabbelviehzeugs ganz nah in die Augen gucken will. Kann sie ja och ruhig machen, ich hau ja nicht ab. Muddi liegt mitten am Kanal im Gebüsch auf dem Boden längelang und versucht rum zu knipsen. Ich kümmere mich derweil um die achtlos da liegen gelassene Entenkacke ,da bin ich dann auch hochkonzentriert-aber nur auf de Kacke .Ehrlich, ich hab es aber echt auch nicht gemerkt, das da so ein Opi mit Fahrrad ankam, bis der auf meine zu rennt und schon von weiten schreit, ob er hier helfen könnte und was passiert sei. Boah... ich hab mich volle Pulle erschrocken wie der losbrüllte...und meine kam mit die Knochen so schnell gar nicht hoch .Es dauert. Irgendwann stand sie dem Herrn gegenüber mit hochrotem Kopf und meinte nur, bei ihr sei alles in Ordnung und zeigte auf die Knipse. Sie wollte ihm damit klarmachen, das es heutzutage wohl normal sein, das ältere Frauen im Gebüsch liegend auf alle Viere um eine Ameise zu knipsen. Er hats glaube nicht verstanden und ging Kopfschüttelnd....und wer hat den Anschiss kassiert???? Richtig, ich, weil ich nicht Bescheid gesagt hab, das da wer kommt, sonst würd ich wohl auch alles zusammen kläffen was sich ihr nähert. Und wisst ihr was an dieser Aktion sowas von ungerecht ist? Zuhause angekommen hat sie bei mir zwei Zecken gefunden. Sie hatte nicht eine.

Heute bin ich auf der Suche nach ein paar olle Gummistiefel für meine, angeblich muss sie sich wegen mir schon wieder neue kaufen .Ich hab ihr damals schon gesagt, sie soll sich richtig hohe kaufen und keine die am Knöchel aufhören .Früh am Kanal, es war arschkalt, aber die Sonne schien wunderschön. Das hatte was von ne Märchenstimmung, wie da mit einmal ein junges Mädchen mit ihrem Pferd entlang ritt. Nur blöde, das die uns entgegen kam. Keine Ahnung ob das nun ein Pferdejunge oder Pferdemädchen war. Ich habe vor beiden gewaltig Schüss. Muddi glaube noch mehr wie ich, würde die aber nie zugeben. Nun ja so ein Weg am Kanal ist vielleicht einen Meter breit. Rechts das Wasser, links unbegehbares Gebüsch. Logo das wir da nicht aneinander vorbei passen, ohne dem Riesenpferd direkt in die Auge gucken zu müssen. Es gab nur eine Möglichkeit.

Wir sollten uns auf die großen Steine stellen, die am Ufer lagen, halb im Wasser. Alles nur, damit das Mädchen mit dem Pferd an uns vorbei konnte ohne das wir ‚Muddis Meinung nach ‚totgetrampelt werden. Wir standen sehr wackelig auf den Steinen. Nun faucht sie mich schon vorbeugend an ‚ich soll die Klappe halten wenn das Tier auf Augenhöhe ist. Ich habe alles gegeben um ans Pferd zu kommen! Dem Gaul juckte mein Theater nicht, der trabte ruhig vorbei. Ich war fast dran an dem, bis ich merkte, das Muddi nicht mehr auf dem Stein stand. Es war knietief und bis zum Auto zurück noch gut 2km. Kein Wort redete sie mit mir. Das störte mich nicht ‚denn das laute Quitschen des Wassers aus ihren knöchelhohen Gummistiefeln, bei jedem Schritt ergab voll den coolen Sound.

Abschied

..irgendwas stimmt mit dem Pippilotta nicht. Der ist voll ruhig geworden, hat mich seit Wochen nicht mehr angegriffen. Vielleicht hat der auch einfach nur kapiert, das er hier nicht weiter kommt mit seinem Aggrogetue. Nur seit heute will er nicht mehr so richtig fressen. Muddi macht sich Sorgen. Heute kommt endlich mal wieder mein Zweibeinbruder Pauli nach

Hause, der arbeitet doch im Käseland und ist nur noch ganz selten hier.

Es gibt Frühstück. Die Reihenfolge ist hier vom ersten Tag an ganz klar verteilt. Wenn mein Papilie sich hier früh zur Arbeit fertig macht, steh ich kurz auf wenn die Kühlschranktür geht und er sich „unser" Käsebrot schmiert. Der mag zwar nicht so gerne Käse, aber ich. Und wegen mir macht der sich denn ein Käsebrot. Wenn ich das gegessen habe, renn ich ganz schnell wieder zu ihr ins Bette und schlaf noch ne Stunde. Irgendwann ist die alte Frau dann auch raus aus den Federn und mach mir mein richtiges Frühstück. Fleisch! Erst wird mein Napf gefüllt, denn kriegt Karl-Inge und Pipilotter den Napf gefüllt. In der Zeit wo wir fressen ,macht sie sich ein Brötchen. Nur doof für sie, das wir drei dann schon fertig sind, wenn sie anfangen will mit Frühstück. Wir sitzen wie die Soldaten vor ihr und betteln. Dabei halten wir drei sowas von fest zusammen. Ich tropfe und die beiden Kater nerven mit ihrem Rumgemauze .

Nur heute fehlt Pippilotta. Der hat wohl kein Hunger. Das ist schon unheimlich. Sie geht ihn suchen und wird fündig auf der Couch. Dort hat der um diese Zeit noch nie gelegen. Ich sofort hinterher. Checke gleich das was mit dem nicht stimmt. Bin sogar ganz lieb zu ihm und geh mit der Nase ran. Auch auf die Gefahr hin, das er nur schauspielert und ich gleich wieder ein Backensolo verpasst kriege. Aber nix. Er liegt ruhig und guckt irgendwie traurig. Sie setzt ich neben ihn und die beiden unterhalten sich. Pippilotta ist vor Jahren hier im Haus geboren, genau gesagt im Kleiderschrank. Kurze Zeit später wurde seine Muddi vergiftet . Und er wurde hier groß gezogen. Er war also ein Waisenkind. Ups…ich sehe das meine Sie heult. Was ist denn nun los? Der Paul wird gerufen und beide packen sie den Pippilotta in eine Box. Normalerweise würde der die Wände der Box zerdroschen. Aber er macht nix, rein gar nix macht der. Sie sacht zu mir und Karl-Inge das wir uns nun von Pippilotta verabschieden müssen. Ich versteh die Welt grade nicht mehr. Wo will der hin ?, zieht der nun doch aus? Ok, ich sag kurz „Tschüss" zu dem und Karl-Inge sagt kein Ton und verschwindet in Garten. Ich soll hier zu Hause warten, die beiden würden gleich wieder kommen.

Sie kamen wieder. Die Box war leer!

Lieber Onkel Gott...

heute hast du einen neuen Mitbewohner bekommen. Mein Kater Pippilotta wohnt ab heute bei dir. Kannst du ihm bitte die schönste weißeste Wolke geben die du hast? Wir waren ja nie die dicksten Freunde, aber ürgendwie fehlt der mir jezze schon .Ach ja und der is vawöhnt, der frist nüscht vom Aldi. Am liebsten mag der Leber, kannste ihm ruhig nen Topp voll hinstelln, das putzt der ganz schnell weg . Heute früh hat er das nich ma mehr geschafft auf sein Stuhl zu springen, da hat sich meine mit dem auf de Couch gelegt, den gekrauelt und die ham sich unterhalten. Pipilotter hat wohl zu meiner gesacht, das er nicht mehr will ! sie hat ihm hoch und heilig versprochen das er nie leiden müsste, also is se mit ihm nach Frau Doktor gefahrn .Danach warn war alle zusammen auf Beerdigung .Nun wohn ich mit meinem Karl-Inge allein hier....und lieber Gott...versprichst du mir bitte, das mein Karl-Inge noch lange hier bei mir sein darf????

Ich bedanke mich ganz herzlichst und pass schön auf mein Pipilotter auf !

deine Gerda

Diesen Brief habe ich bei seiner Beerdigung mit ins Grab geschmissen.

Hier sind alle so furchtbar traurig und es fließen viele Tränen.

Das Leben geht weiter, auch wenn er überall fehlt. Sogar mir!

mich steckt man zu Hundewelpen

Meine Muddi nervt mich schon seid Tagen das sie eine Überraschung für mich hat, sagt natürlich keinen einzigen Ton. Nachmittag packt sie mich ins Auto und fuhr mit mir los. Schon auf dem Weg dahin kamen Predigten: " benimm dich, mach nüscht kaputt, sei wenigstens mal eine Stunde vernünftig"...usw. Ich hab es ihr versprochen, weil sonst hätte sie die Platte mit der Predigt noch ewig laufen lassen. Nach einer kurzen Fahrt waren war da. Ich hab es sofort wieder erkannt.

Mein Geburtshaus .Da drin habe ich das Licht der Welt erblickt. Gleich reingestürmt. Zum Begrüßen der Ziehmutter hatte ich keine Zeit .Da roch es überall nach Millionen Hunde. Herjee was ist das denn? In dem Garten war ein Spieleparadies aufgebaut , hab da mal von außen am Zaun geschnüffelt, irgendwie hatte ich Schüss. Im Inneren wimmelte es von kleinen Fellhundebabys. Meine Ziehmama wollte mich da ernsthaft reinlassen in das Spielparadies. Meiner Muddi kloppte das Herz im Kopp, die hatte Bedenken ich würde die kleinen Fellkinder um trampeln .HALLO? Ich bin doch kein Monster . Auf Zehenspitzen bin ich da rein. Ich gebe ja ungern zu, aber ich hatte sogar Schüss vor den kleinen Fellkinder, die waren so schnell. Es dauerte nicht lange und ich mach hier einen auf Übermuddi. So hatte sie mich noch nie erlebt. Zwei von den kleinen Fellkinder wollten mal bei mir nach Milch gucken, na wo keiner von den Zweibeiners geguckt hat, hab ich die mal kurz nuckeln lassen, die haben gesucht, aber bei mir nix gefunden. Ganz vorsichtig lauf ich da in dem Haufen rum und hab mich voll aufopferungsvoll darum gekümmert. Warum wir eigentlich hier sind ist mir noch nicht klar. Ich habe da so einen kleinen Hoffnungsschimmer. Vielleicht darf ja einer von den Fellkindern bei mir einziehen. Jetzt wo ich nur noch mit Karl-Inge alleine zu Hause lebe.

Ich weiß genau, würde Papilie allein was zu sagen haben, dürfte ich alle mit nehmen. Hat er aber nicht. So muss ich nun erstmal ohne kleines Hundefellkind mit ihr allein wieder nach Hause fahren. Das war ein richtig schöner Tag, vor allem weil ja Muddi immer denkt ich sei nur grobmotorisch. Da hab ich ihr aber mal gezeigt wie ich auch anders kann.

In den nächsten Tagen fällt zu Hause beim zufälligen Belauschen ganz oft das Wort „Fellbruder". Ich spitze jedes mal die Ohren. Sie hat zehntausend Argumente dagegen , ich wäre angeblich zu trampelig, ungestüm, würde ja immer noch nicht wirklich hören und von meinen Leinenkünsten ganz abgesehen. Papilie versucht sich durchzusetzen, findet nur irgendwie keine Argumente die für mich sprechen. Sie wollen abwarten. Erstmal steht was ganz wichtiges an. Ich bin ja nun zwei Jahre alt und sie wollen es wagen mich mit in ihr Traumland in Urlaub zu nehmen. Alles ist geplant ‚organisiert und nun wird gepackt. Reiseziel ist Sogn of Fjordane in Norwegen. Also quasi am Nordpol.

Nordpol

Die Vorbereitungen sind im vollen Gange. Reine Fahrtzeit sind 24 Stunden .Die planen die Route über Dänemark-Schweden bis hoch zum Nordpol. Könnte man alles abkürzen, aber dafür müsste man mich stundenlang in einer großen Fähre in einer Box einsperren. Zum Glück bringt das keiner von denen übers Herz. Mein Gerdamobil ist für so eine Reise optimal, wir haben ja da ein großes Bette drin, wo wir auf der Hinfahrt die 2 Nächte gut drin schlafen können. Das wichtigste ist aber mein Impfpass. Die Norweger sind da sehr sehr genau. Ich muss 24 Stunden vor Grenzübertritt eine Tablette gegen irgend so einen Wurm einnehmen, den die da in Norwegen nicht haben wollen. Die haben Schüss ich würd den sonst mit einschleppen. Naja und an der Grenze muss man unaufgefordert sich melden, wenn man einen Hund dabei hat, damit die kontrollieren können, ob man diese Tablette auch wirklich genommen hat. Das wird sogar von meiner Frau Doktor mit Uhrzeit im Impfpass notiert. Wenn man das nicht macht, und die erwischen einen, muss man an der Grenze umkehren , aber erst nachdem man da tausende an Kronen für die Strafe gezahlt hat. Ach und noch wichtiger sind da die Bestimmungen für die Einfuhr von Alkohol und Zigaretten. Da darf man so gut wie nix mitnehmen, wenn man den Maßstab eines deutschen Mannes berechnet, reicht das genau für zwei Tage. Und kaufen kannste sowas da nicht, sei denn du hast im Lotto gewonnen.

Alles ist gepackt und verstaut. Nun geht es schnell noch in die Praxis wegen dieser Tablette. Die muss ich in Frau Doktors Beisein fressen. Alles wurde ordentlich in meinem Pass notiert. Es kann also losgehen. Meine erste Reise zum Nordpol beginnt.

Abfahrt .Bin ich froh, das mein Gerdamobil so groß ist. Wir haben Gepäck an Bord, mehr wie manch einer den man im Fernseher bei den „Auswanderern" sieht. Mein Platz ist vollst gemütlich, gesichert auf dem großem Bett. Da drunter stehen dann alle Koffer, Taschen und Tüten. Nicht mal eine Stunde sind wir am Fahren, da löst sich unterm Auto so ein blödes Plasteteil ab und hängt nur noch an einer Schraube. Vom Geräuschepegel könnt man nun denken wir fahren mit einem Trecker. Also müssen wir anhalten und Papilie beschließt das Teil komplett zu entsorgen. Erledigt .Weiter geht die Nordpoltour. Eine weitere Stunde später, fang ich an doof zu spielen. Ich habe gerade beschlossen, ich will jetzt kein Auto mehr fahren. Ich ninnere wie blöde. Beide sind sehr gereizt .Von 24 Stunden Fahrzeit haben wir 2 geschafft und nun sowas. Es wird überlegt alles hinzuschmeißen und umzudrehen. So wollen die mit mir nicht weiter fahren. Runter von der Autobahn ab in die Natur. Es gibt eine riesige Pause. Wir laufen irgendwo, keiner von beiden weiß genau wo wir sind, durch eine Heide. Nach zwei Stunden toben bin ich müde und will wieder ins Auto. Ich würde nun doch gern weiter in den Urlaub fahren.. Die erste Nacht haben wir in Dänemark geschlafen, ohne Vorkommnisse, weiter ging`s am nächsten Morgen durch Schweden bis zur norwegischen Grenze.

Es regnet und die Temperaturen fallen von 25 Grad auf 15 Grad. Nur noch wenige Kilometer bis zur Kontrolle. Ausweispapiere von uns allen liegen griffbereit. Eigentlich sollte ich hier nun nicht erwähnen das die Menge der „erlaubten" Alkohol und Tabakwaren hier im Auto das dreifache überstiegen. Aber sie wollten sich gerne abends am Meer ein Glas Wein und ein Zigarettchen gönnen. Ok Papilie qualmt nicht, das macht sie für ihn mit. Und mit einer Einfuhrmenge von 1,5 Liter Alkohol (Bier inbegriffen) kommste ja als Zweibein im Urlaubsmodus nicht weit ‚binnen zwei Wochen. . Papilie wusste von nix, bis gerade ebend zu diesem Zeitpunkt. Er fragte nur, ob sie noch ganz normal wäre. Was soll diese Frage?...die Antwort kennen wir beide doch zu gut. NEIN !

Wir rollen mit Tempo 10 auf die Grenzer zu. Dort sind zwei Durchfahrten. Eine mit roter Ampel, an die müssten wir ‚weil ich mit in Board bin und einer mit ner grünen Ampel, da kannste durch, wenn du nix zu verzollen oder zu verbergen hast und kein Tier mit hast. Der Regen wird stärker. Beide sind erstaunt, das so wenig los ist an der Grenzstation, das haben die schon anders erlebt. Die Grenzer haben heute anscheinend auch kein Bock und kontrollieren kaum. Viele werden einfach zur „ Durchfahrt" weiter gewunken. Ach dann wollten meine beiden den Grenzern bestimmt keine zusätzliche Arbeit bescheren, als sie binnen Sekunden beschlossen haben, anstatt durch die rote Schranke, lieber durch die Grüne zu fahren. Sie zischte mich an, ich soll jetzt ja still sein und meine Klappe halten. Ich hörte ihr Herz schlagen. Die zitterte wie Espenlaub. In dem Moment bereute sie diese Aktion schon und versprach sich selber ‚zu Gunsten ihrer Gesundheit, nie wieder sowas verbotenes zu machen. Die drei Autos vor uns wurden durchgewunken. Wir sind dran...wir rollem im Schritttempo an den Herrn Grenzer .

Stop! Er hob die rote Kelle und steht direkt vor dem Auto.

In Sekunden floss ihr Blut in eine andere Richtung und zitterte wie Espenlaub. Sie hasste sich gerade selber für diese dumme Aktion. Papilie sagte nur leise zu ihr, sie soll ruhig bleiben und nix sagen. Sie konnte auch nicht mehr sprechen. Ihr war kotzübel und sie hatte Angst. Sah sich schon im Kerker in Oslo sitzen, ich im norwegischen Tierheim .

Der Grenzer nahm die Ausweise von beiden und guckte ob die das auch wirklich waren. Dann ging die Fragerei los. Sie hat nur Bruchteile verstanden .Zum Glück kann mein Papilie richtig gut norwegisch sprechen und beantwortete alle Fragen von dem Herrn Grenzer. Der wollte wissen, wohin wir wie lange wollen, ob das unser Auto wäre und ob wir in Norwegen jemanden besuchen wollten. Dann wollte der wissen, warum Papilie so gut die Sprache beherrscht. Naja er hat ihm das alles ordentlich beantwortet. Der Herr Grenzer schien ein Netter zu sein . Bei dem was Papilie da mit dem quatschte wurde sogar gelacht. Sie saß daneben wie doof und guckte nur freundlich. Ich bewegte mich im Hinteren Autos, auf meinem Bett, keinen Millimeter. Ich spürte die dünne Luft da vorne. Als dann vom Angeln geredet wurde, ahnte Muddi schon Schlimmes ‚das Papilie sich nun noch mit dem Grenzer verquatscht. Das ist nämlich so den seine Art...der findet dann kein Ende wenn vom dem Thema gequatscht wird. Sie wollte nur raus aus dieser Situation. Ich saß immer noch ohne zu zucken. Ich sollte ja still sein. Der Herr Grenzer wusste nun alles was er wissen wollte .Bevor er uns durchwinken konnte, musste er nochmal einen genauen Blick ins hintere vom Auto werfen. Er forderte Papilie auf, die Scheibe der Fahrertür soweit runter zu lassen, das er mal einen richtigen Blick ins Auto machen konnte. Sie stand nun kurz vorm Herzinfarkt. In dem Moment wo den sein Kopf ins Auto kam bin ich vor gesprungen ‚soweit mein Gurt es zuließ und wollte ordentlich „ Hallo" sagen. Wir standen Nase an Nase. Jesses was hat der sich erschrocken. Der hat wohl mit allem gerechnet aber nicht damit. Den sein Kopf schoss wieder aus dem Auto raus, während ich schwanzwedelnd auf meinem Bett im Auto stand. Nun zitterte selbst Papilie. Der Grenzer musste sich kurz sortieren. Fing herzhaft an zu lachen ‚schüttelte den Kopf und sagte „fin ferie"...was soviel heißt wie „schönen Urlaub". Sie konnte es nicht glauben, wir durften weiter fahren. Der nächste Rastplatz war unserer. Damit sie das Zittern aus dem Körper kriegte und das Land ordentlich begrüßen durfte gab es eine Pause. Und eine von den Piccolo Flaschen aus dem vollen Karton wurde geöffnet und angestoßen. Natürlich trank Papilie keinen Schluck, er musste ja weiter fahren .Sie prostete mit sich selber.

Die nächste Nacht verbrachten wir im Schnee mitten auf einem Berg. Nun sah ich endlich mit 2 Jahren auch mal richtigen Schnee. Nur doof für meine Beiden das ich ja grundsätzlich nur mein Geschäft erledigen kann, wenn ich Gras unter den Pfoten habe. Es war schweinekalt und meterhoher Schnee. Ich musste nötigst meinen Berg machen. Aber wie und wo? Es ging einfach nicht in diesem Schnee. Papilie musste wie so ein Neandertaler mit unserem Topf, den die brauchen um Kaffeewasser heiß zu machen, an einer Stelle unter einem Baum den Schnee weggeschüppen. An einen Schneeschieber oder Spaten hatt ja keiner gedacht. Da war zwar kein Gras drunter, aber Erde. Und ich konnte endlich in dieses freigeschüppte Stück meinen Berg reinlegen. Nun konnten wir alle drei ins Bette. Papilie war kaputt von der Fahrt und schnarchte sofort. Sie konnte nicht schlafen, es war ihr zu kalt , ständig steckte die ihre Eisfüße an mein Fell, das war ekelig. Ihre Sorge war, das wir am nächsten Morgen komplett eingeschneit sein würden und uns dort niemand findet. Da gab es weder Häuser noch Menschen. Es wurde eine sehr kurze Nacht. Ganz früh sollte es weiter gehen, damit wir endlich ankommen. Auf der höchsten Stelle des Berges gab es einen Stop. Es war starker Schneesturm, die Strasse war verweht und rechts und links der Fahrbahn meterhohe Schneewände. Sowas kennen meine beiden auch nur aus dem Fernseher. Die örtliche Polizei oder Bergwacht, was das auch immer war, erklärte uns, das wir warten sollten bis mindestens fünf weitere Autos kommen, weil wir nur als Konvoi die Straße fahren durften. Das hatte den Grund, das wenn einer von der Straße rutscht oder so, gleich jemand da ist der helfen kann. Meine wurde im Sitz immer kleiner vor Angst. Warum sind wir nicht in Süden gefahren ?...nee musste unbedingt der Nordpol sein. Wir durften zu meinem Unglück das Auto nicht verlassen. Ich drinne am ninnern, das ich raus will und im Schnee toben, die beiden da vorne mit der Angst im Nacken was die nun erwartet, wenn sie die nicht mehr sichtbare Straße fahren müssen. Es dauerte ewig eh da noch Autos kamen. Ich schon fast am durch drehen, Muddi total gereizt und Papilie denkt nur über sein Reifenprofil nach, ob das alles reichte. Logo hatte wir Winterreifen drauf im Gegensatz zu dem der zwei Autos hinter uns fuhr. Ein Einheimischer beschloss zu unserem Glück den Konvoi anzuführen. Papilie lehnte nämlich dankend ab nachdem er die Aufforderung zum Start bekam. Der Horrortrip begann. Sie schloss die Augen vor Angst und ich wurde auch ziemlich still. Wenn es nur bergab gegangen wäre, wäre das locker, nee die müssen da unbedingt noch diese Haarnadelkurven einbauen um den Berg runter zu kommen. Papilie blieb schön in der Spur von dem der vor uns fuhr. Sie hatte mittlerweile die Augen fest geschlossen und kniff wie auf dem Zahnarztstuhl in die Armlehnen. Ich merkte die Anspannung und hielt mein Mund. Es dauerte ewig bis wir da endlich runter waren. Unten angekommen, war auch wieder Sommer, nix mehr mit Schnee und Sturm. Schon Wahnsinn. Noch zwei kurze Autofähren trennten uns von unserem Urlaubshaus.

Angekommen im Nordpol. Der Vermieter und seine Frau waren sehr nett und begrüßten uns mit Kaffee und selbstgebackenem Kuchen. Mich mochten die auch sehr. Er zeigte mir gleich die große Wiese neben unserem Haus. Ich guckte und dachte mir was ist das denn für ein Witzbold? Auf den seiner Wiese standen acht Ziegen mit riesigen Hörnern. Hallo?...vor denen hab ich Schüss. Also kann der allein auf seiner blöden Wiese toben.

Unsere Tage bestehen hier aus angeln…angeln und angeln. Wäre ja alles gut, wenn ich die Dinger essen würde. Da schmeißt Papilie mir so ein kleinen Fisch vor die Füße und sagte" hier Gerda , der ist für dich". Ich den Schwanz zwischen die Beine und Panik geschoben. Mich hinter Papilie versteckt. Das Viech zappelte und guckte mich mit seinen Augen an. Ich kann nix fressen was noch Augen hat! Aber bis die beiden merkte das es daran lag, sind einige Tage vergangen. Und ich dachte ich werde hier verhungern. Heute hat der Vermieter uns Taschenkrebse gebracht. das waren riesige Tiere. Er erklärte ihr, das sie die in kochendes Wasser schmeißen müsste. Das Haus war mit allem was man braucht ausgestattet, nur so einen riesigen Topf das die alle reinpasste gab es nicht. Ich guckte mir die Tiere ganz genau an, die stellten sich vor mir auf und hoben die Hände, als ob die sagen wollten, schmeißt uns ja nicht ins kochende Wasser .Der größte Topf der zu finden war stand auf dem Herd, das Wasser kochte. Alle drei standen wir drum herum. Sie konnte die zappelnden Tiere da nicht reinschmeißen, das musste Papilie machen. Dem war bei dem Anblick auch nicht wohl. Ganz vorbei war es, wie der letzte da nicht ganz reinpasste und versuchte aus dem Topf wieder raus zu krabbeln. Eine Scheren suchte immer wieder das Weite. Deckel drauf und nun war Ruhe. In dem Moment haben sich beide sehr geärgert, das sie das überhaupt gemacht haben. Erstmal ist sowas echt eine Quälerei und satt wirste schonmal garnicht von dem rumgepule wenn die gekocht sind. Sowas steht hier nie nie wieder auf der Speisekarte.

Unser Haus steht ja direkt am Fjord, also ringsum Wasser. Man kann auch aus dem Fenster angeln. Aber die beste Stelle ist, wenn man über diese Ziegenwiese geht und dort direkt am Felsen angelt. Heute bin ich mutig. Ich will mit dorthin angeln gehen. Sie bleibt im Haus und will lesen. Wir beide also allein losgezogen die Familie zu ernähren. Die Wiese hat einen Stromzaun, damit die Ziegen nicht abhauen. Ich todesmutig eine Pfote auf die Wiese gesetzt. Hab mir nicht anmerken lassen, das ich mich am liebsten vor Schüss in die Hosen gemacht hätte. Immer schön Fuß bei Papilie gelaufen. Eigentlich war das eine voll geile Wiese. Überall schöne frische Ziegenkacke. Aber ich wusste, das wenn ich da drin nun ausversehen ausrutschen würde, kommen diese Viecher an und machen mich kalt mit ihren Hörnern. Geschafft, wir haben die Wiese überquert und können angeln. Der Rückweg über die Wiese war schwieriger. Die Hörnerziegen hatten wohl Hunger und dachten die kriegen unseren gefangenen Fisch. Die kamen alle auf uns zu gerannt. Ich war kurz davor mich ins Fell zu kackern vor Angst. Papilie versuchte die weg zu verscheuchen. Mäßiger Erfolg. Er musste nur schnell genug das Tor aufmachen, damit ich da durchhuschen konnte. Da stand so ein Hörnervieh direkt vorm Eingang und blickte mich an. Hilfe neee, der hat ja Würfelaugen, das ist doch nicht normal? Ich kam nicht an dem vorbei, ich versuchte es mit Anlauf ,aber die Wiese war matschig und so rutschte ich aus und kam mit meinem dicken Hintern an den Stromzaun. Der Schrei war so laut, das meine Muddi von der Couch hochsprang, das Buch fallen lies und sofort rausrannte um nachzusehen, was mit mir passiert war. Nix war mir passiert. Die Ziegen machten sich wahrscheinlich über mich lustig. Und ich habe mir nur gedacht...euch habe ich eines Tages alle klein gewolft in meinem Napf liegen!!!Ich hasse diese Hörnerziegen bis heute noch und die Wiese habe ich danach nie wieder betreten.

Heute war ruhiger Wellengang und so richtig warm für nordpolische Verhältnisse .Das Thermometer zeigte 9 Grad an, sogar plus. Also war der Tag gekommen an dem wir mit unserem schicken Motorboot raus fahren wollten. Man zog mir die Schwimmweste an und versuchte mich mit allen Mitteln aufs Boot zu locken. Das war nicht mein Ding. Das Boot war an einem Strick am Steg festgemacht und wackelte da lustig auf dem Wasser rum. Ich bräuchte angeblich nur einen Schritt zu machen und ich wäre drin. Drin?...bei meinem Glück wäre ich ins Wasser gefallen. Ich stand da und bewegte mich nicht einen Zentimeter. Damit haben die beiden nun nicht gerechnet. In Schweden hat das doch auch so super geklappt. Ja warum wohl ?...weil das Boot am Ufer lag und ich nicht schwebend erst übers Wasser musste um darein zu klettern. Ich bockte, aber vom feinsten. Erst als die Fleischwurst ins Spiel kam, war ich am überlegen. Sie saß im Boot in ihrer Hand die Fleischwurststücken. Ich stand auf dem Steg und mich trennte nur dieser eine Schritt von der Fleischwurst. Papilie immer mit einer Hand am Haltegriff meiner Schwimmweste. Da kommt dieser verfressene Labbi durch, dafür hass ich mich selber. Binnen einer Sekunde stand ich im Boot. Erst wo die Fleischwurst alle war realisierte ich mein Schicksal. Verdammte Kacke wie komm ich hier wieder raus? Zurückspringen?... unmöglich. Das Dingen schunkelte und noch schlimmer wurde es wie nun auch noch Papilie reinsprang ins Boot. Die waren echt der Meinung, die machen nun den Strick vom Boot ab, werfen den Motor an und es wird eine lustige Bootsfahrt. Von wegen. Ohne mich. Kurze Zeit später setzte ich mich auf die Decke die am Boden lag im Boot. Sie war der Meinung ich würde mich entspannen. Jesses wie dumm muss man sein, ich habe mich nur gesetzt, weil ich bei dem Geschunkel nicht stehen konnte. Plan B musste her, bevor der Motor angeht und ich mich auf dem Meer wieder finde. Zur Belohnung schob sie mir ein Stück Fleischwurst zu...ich habe verweigert. Das bedeutet für die beiden Alarmstufe dunkelrot. Ich und nicht fressen, das geht nicht. Endlich wurde ihnen klar, das ich das hier alles nicht lustig fand. Umgehend befand ich mich wieder auf allen Vieren auf dem Steg. Thema Boot war schlagartig beendet. Papilie ist dann die folgenden Tage immer mal allein raus gefahren. In der Zeit sollte ich mit der wandern gehen. Ich kenn die nun schon so gut das wandern, bei ihr nix zu bedeuten hat. Außerdem waren wir von Bergen umgeben. Ich behielt Recht, es handelte sich lediglich um ein gemütliches Schlänkern an den Wegen des Fjordes entlang.

Aktion „Nordpol" wurde fluchtartig beendet Der Wettermensch im Nordpolfernseher hat schwere Schneestürme angesagt für den Berg über den wieder zurück mussten. Also hieß es Koffer packen und flüchten. Wir haben das gerade noch so geschafft. Zwei Tage später mussten die da 34 Autos von dem Berg retten, die waren eingeschneit und kamen nicht weiter. Da hatten wir mal so richtig Glück gehabt .So ist das im Juni am Nordpol.

Der Alltag hat uns hier alle schnell wieder. Über meine Rückkehr hat sich am meisten mein Karl-Inge gefreut. Der wurde aber in meiner Abwesenheit bestens versorgt. Dennoch ist er ja nun ganz allein, wenn wir mal verreisen. Das findet der sicher auch voll blöde.

Mein erster Kaffeebesuch

Es ist ein wunderschöner Sonntag. Die Sonne scheint und wir wollen einen Ausflug machen. Eigentlich verbringe ich ja fast jeden Sonntag mit irgendeinem von meinen Hundekumpels. Meistens ist es die Kim, Lola oder der Flip, weil die bei mir in der Ecke wohnen. Heute wollen sie mit mir das erste mal in ein schickes Kaffee gehen, natürlich da wo man auch draußen sitzen kann. Weil sie mir das drinnen im Kaffee noch nicht zutrauen Gesagt getan. Zu ihrem Glück war es nicht ganz so voll und Hunde schienen willkommen zu sein, weil draußen an den Tischen Wassernäpfe stehen. Somit ist sie schon mal beruhigter. Sie verlangte das ich mich unter den Tisch setze. Das ging noch nicht, ich musste erst wissen, was die anderen auf ihren Tellern haben. Nur die Länge der Leine machte da nicht mit. Papilie sollte nun rein gehen ins Kaffee und ihr ein dickes Stück Torte holen. Ich musste mit ihr draußen am Tisch warten. Während dessen sicherte sie die Leine nochmals um ihr Stuhlbein, falls ich einen Ausbruchversuch starte. Das war sehr sinnvoll, denn obwohl ich sehr stark bin, diese Anzahl an Kilos schaff selbst ich nicht weg zu ziehen. Zwei von den Paaren die noch an den Tischen saßen waren fertig und gingen. Nun saß nur noch ein Mann mit seiner Ollen da am Nachbarstisch. Sie ließen uns bewusst an ihrem Gespräch teilhaben, denn der Inhalt galt uns. Papilie war zurück mit der Torte und dem Kaffee. Setzte sich und konnte nun auch hören, wie die sich abwertend über Hunde unterhielten Für die stand fest das die das letzte mal in dem Kaffee waren. Diesen Entschluss werden wir untermauen. Die hatten wohl Adleraugen, sahen angeblich überall Hundehaare und waren sich nun nicht mehr sicher, ob nicht auch schon mal ein Rüdiger an ihrem Stuhl das Bein hob. Normalerweise haben meine beiden immer Mitleid mit solchen Menschen. Hier und heute aber nicht. Papilie erhob sich und organisierte mir den vollen Wassernapf .Ich machte was beide innerlich von mir hofften. Ich soff wie ein Loch und lies die langen Sabberfäden schön an mir runter hängen und produzierte eine riesige Pfütze neben dem Napf. Wir wurden abwertend beobachtet. Jedes zweite Wort von denen war Köter und Vieh. Papilie schwoll der Kamm und wollte nun auch ein Gespräch führen, was die beiden mithören mussten. Muddi war das alles zu doof. Mit einem Tritt unterm Tisch gab sie ihm zu verstehen, er soll es lieber lassen. Ich muss mal dazu sagen, das mein Papilie von Natur aus das gutmütigste Geschöpf ist, sei denn es geht gegen sein Gerdalein da sieht der rot. Ich saß ordentlich neben ihm und wartete das was von seinem Heidelbeerkuchen und dem riesigen Berg Sahne runter fällt. Papilie setzte dem allen nun die Krone auf. Er stach mit seiner Kuchengabel ein riesiges Stück von seinem Kuchen ab und zog es nochmal durch die Sahne. Nun sagte er ganz laut „ Gerda willst du auch mal kosten?" Meine dachte nur , bitte tu es nicht! Aber in dem Moment stand ich schon bereit um mir mein Stück abzuholen. Er fütterte mich mit der Kuchengabel und sagte auch noch ich durfte diese nochmal richtig ablecken. Da war ich dabei. Die Gabel war danach blitzeblank. Er musste heute einen richtig guten Tag haben, dachte ich mir noch so. In den nächsten 2 Sekunden saßen wir allein da im Kaffee. Gut, die Bäckerei hat damit zwei

Kunden verloren. Aber wir kommen nun dafür öfters hierher. Meine Muddi schafft den verlorenen Umsatz an Kuchen locker aufzuholen.

wir bekommen Zuwachs

Es steht fest. Ich bekomme einen Fellnasenbruder. Die haben mir lediglich verraten ‚das er ein schwarzes Fell hat und den Namen Gerd-Hubert von Goch trägt. Ich ändere das mal sofort um, der wird hier Hubi gerufen. Ich bin aufgeregt wie sonst was. Ich musste ihr versprechen, weil der ja noch so klein ist, das ich dem nix Dummes beibringe. Am besten wäre garnix von dem was ich kann. Ich verspreche alles, wenn ich wirklich einen Bruder kriege. Im Stillen mach ich mir so meine Gedanken. Wo soll der denn schlafen? Wenn die beiden , ich und mein Bruder im Bett schlafen wird's gewaltig eng da drin. Ich habe zu Hause vorgeschlagen, das wir ihm erstmal ein Körbchen kaufen. Und im Gefrierfach hätt ich doch gerne meine eigene Seite mit meinem Fleisch. Man muss ja nicht gleich übertrieben mit der Teilerei. Ich sortiere noch am gleichen Tag mein Spielzeug aus, das was ich eh nicht mag, darf er alles haben. Na wenn ich mal ehrlich bin, ich mach mir da doch schon so ein bisschen Sorgen. Was ist wenn die den lieber haben als mich ? ich bin doch abgeschrieben, wenn der eher an der Leine laufen kann wie ich. Ich stell mir grad vor, wenn der sich nicht in jedem Kackehaufen wälzen will wie ich, sondern lieber so ein Vorzeigehund werden will?...ich habe gerade sehr sehr gemischte Gefühle. Aber die Freude überwiegt, das ich jeden Tag wen zum spielen habe. Ich habe mir vorgenommen den schon passend zu mir zu erziehen. Mich macht stutzig, das wir Hubi noch nicht besucht haben. Wo ich so klein war, hat die doch auch jeden Tag die Ziehmama mit ihrer Anwesenheit genervt und wollte mich sehen. Ich muss doch gucken ob der mir auch gefällt, nicht das der schielt oder O -Beine hat. Immerhin muss ich ja jeden Tag neben dem auf der Straße laufen. Ich frage nach und bekomme zur Antwort, das der nicht vom Züchter kommt, sondern vom Tierschutz. Herr im Himmel auch das noch, damit habe ich mich noch gar nicht befasst. Wieso holen die sich einen Welpen aus dem Tierschutz? als Antwort musste ich mir anhören, das die dort auch ein Chance verdient haben und das Hubi ja noch so klein wäre und dort wo er jetzt wohnt nicht bleiben kann. Das kriegen wir schon gemeinsam hin, sagt sie. Ok, die Schränke hier stehen voll mit Erziehungsbüchern und schlauen Ratgebern über Hunde, wird Zeit das sie mal endlich einen Blick rein wirft. Ich bin bereit, habe alles hier in 2 ungleiche Teile aufgeteilt. Ein Haufen ist meiner mit den guten Sachen und auf dem anderen Haufen liegt alles was ich nicht mehr haben will oder schon immer doof fand. Das darf dann Hubi haben. Er wird sich ja wohl nicht beklagen, besser als nix und wenn man nix hat soll man mit dem zufrieden sein, was man geschenkt bekommt. Noch einmal schlafen, dann holen wir meinen Bruder ab.

Den Abend vor der Abfahrt such ich nochmals das Gespräch mit meinem Papilie. Muddi wundert sich was ich nun hätte, denn ich wollte doch unbedingt einen Bruder. Ich will mich lediglich vergewissern ob ich nach Huberts Einzug nicht nur noch die Nummer zwei hier im Hause bin. Papilie beruhigt mich und erklärt mir, das ich in seinem Leben die Nummer eins bin und bleibe. Danach kommt die Muddi und dann die anderen. Der Blick von ihr war unbezahlbar. Nun wusste ich egal wie mein neuer Bruder sich bemüht hier, gegen mich hat der keine Chance. Mit dem Gedanken konnte ich die Nacht gut einschlafen.

... gemeiner geht nicht

Die haben mich hier sowas von verarscht, von wegen ein Fellnasenbruder .Fahren war heut wegen dem angeblichen Bruder zwei Stunden durch Deutschland. Angekommen nimmt Papilie so eine komische Kiste mit und verschwindet in einem Haus mit Millionen Bewohner drin. Riesig war das. Es dauerte nicht lange und er kommt wieder zum Auto, indem ich mit ihr warten musste. In der Kiste war was drin.

ABER ES HAT MIAUT !!!

In Sekunden kriegte ich einen Heulkrampf. Ich bin doch nicht blöde, das war kein kleines Hundekind , das war ein Katzenvieh ! Mir rollerten die dicken fetten Tränen übers Gesicht. Wie gemein sind die denn? Ich habe mich doch so auf einen kleinen Bruder gefreut. Ich redete keinen Ton mit meinen beiden.

Den sein Einstand fing ja gut an, der durfte vorne sitzen in seiner Box, angeschnallt auf dem Beifahrersitz, da durfte ich noch nie sitzen. Papilie hat sich bei mir auf der Rückbank mit reingequetscht und sollte mich trösten . Immer wenn den seine Hand mich streicheln wollte, schubste ich die weg. Nach gut einer Stunde Fahrt, musste sie tanken. Vielmehr sagt sie denn zum Papilie „ ich halt hier mal an der Tanke du musst tanken", so geht das hier immer. Ich glaube die weiß nicht mal wo an ihrem Auto der Tankdeckel sitzt.

Das Vieh in der Box fing an zu schreien. Boah eh, da nervt der mich jetzt schon und der ist noch nicht mal bei mir zu Hause.

Da macht Muddi echt den Deckel von der Box auf und holt den Schreihals da raus. Ich sollte mir den mal angucken, wie süß der doch ist. Ich drehte nicht mal mein Kopf in den seine Richtung. Verdammt nochmal warum bin ich nur so neugierig. Ich muss da jetzt einfach hingucken.

Ein Auge blinzelte in ihre Richtung. Was ist das denn? Der brauch ja noch eine Ewigkeit bis der mal ein richtiger Kater werden will. Naja vielleicht ist er ja doch so ein bisschen niedlich, aber definitiv nix für mich, wenn ich den anrämpele ist der kaputt. Nun sitzt der bei ihr auf dem Arm und hört sofort auf zu mautzen...was ein Muttersöhnchen, das nervt mich aber jetzt schon. Ich tu so als ob der mich nicht weiter interessiert. Papilie hat getankt und setzt sich wieder zu mir auf die Rückbank. Nun fängt der och noch an, an dem Stück Kater rum zu streicheln. Das geht mir definitiv zu weit. Mich gibt's hier auch noch! Ich ninnere, hätt auch gern mal wieder die ihre Aufmerksamkeit. Es funktioniert, das Katerbaby wird wieder in die Kiste gestopft und endlich geht der Deckel zu. Ich krieg mich wieder ein und muss Papilie ständig durchs Gesicht lecken. Die interpretieren das vollkommen falsch, die meinen ich wäre so aufgeregt und hätt mich nicht an Hubi ran getraut. Ich sag doch, die hätte mal ihre ganzen schlauen Bücher über Hunde lesen sollen, anstatt als Deko und Staubfänger in die Regale zu stellen.

Endlich zu Hause angekommen. Nun hoffen beide auf eine glückliche Familienzusammenführung. Wo zum Teufel bleibt mein Kumpel Karl-Inge wenn man den mal braucht? Der macht ein Haps und das Katzenbaby ist Schnee von gestern. Ich find den nicht. Da muss ich wohl nun alleine durch.

Diese Box mit dem Katervieh wird in die Küche auf dem Boden gestellt. Türen und Fenster werden alle verschlossen. Meinen die echt jetzt ich will flüchten wenn die den da raus lassen?

Der Deckel wird geöffnet. Die wollen das der da alleine raushüpft. Ich sitz fünf Meter entfernt und starre auf die Box. Nix bewegt sich.

Ach der Herr möchte nicht aussteigen ?, also von mir aus können wir den Deckel zu klappen und die Kiste nach Goch zurück schicken, da wo der herkommt. Der Dreikäsehoch macht es spannend. Meine kniet neben der Box und Papilie guckt sich das Treiben an meiner Seite an. Ich will das jetzt hier mal abkürzen, der nervt nämlich. In dem Moment wo ich aufstehe und an die Box gehen, schreit die mich an, ich soll das ja lassen. Nun glaubt die doch nicht ernsthaft, daß ich den fressen wollte? Papilie schreitet ein und sagt, das ich das ruhig mit dem Hubi regeln sollte. Sie hat alle Muskeln angespannt um den Dreikäsehoch sofort vor mir zu retten. Ich geh langsam auf die Box zu…wieso versteckt sich denn nun meine Rute zwischen meinen Beinen? Ich muss mal kurz selber überlegen, ob ich mir das überhaupt traue. Ja , ich trau mich. Vorsichtshalber bleib ich 20cm von der Box weg und schiebe nur meinen Kopf drüber. In der Box wirkt der ja noch kleiner, den musste erstmal finden. Hab ihn…ach nee der Herr Dreikäsehoch hält Mittagsschlaf und wir stehen hier alle drumherum wie blöde. Der ist so klein, das ich ruhig ganz ran kann. Mein dicker Kopf verschwindet in der Box. Ich muss den erstmal richtig abchecken. Irgendwie ist der ja doch so ein kleines bisschen niedlich. Darf ich mir aber nicht anmerken lassen. Ich leck den erstmal sauber. Sie dachte ich beiß zu, schon ist die ihre Hand mit in der Box. Die ist wie ein Trampeltier, nun ist der Dreikäsehoch wach geworden. Boah eh, der macht die Augen auf und schreit sofort los. Mit einem Hopser ist der aus der Box raus und tapert auf seinen kleinen schwarzen Minifüssen durch meine Küche. Ich hinterher. Muss dem gleich erklären wo der ran gehen darf und wo nicht, was hier alles meins ist und was ihm nicht gehört. Das war schnell geklärt, dem gehört hier nicht viel. Noch nicht.

In unserer Küche gibt's eine Tür zum Gästeklo. In dieser Tür ist unten eine Klappe eingebaut. Das soll in Zukunft der Dreikäsehoch durch hopsen, wenn der mal ein Berg muss. Denn im Gästeklo ist den sein Reich. Da steht sein Futter und da wird auch gerade sein neues pinkes Katzenklo mit irgend solchen Steinekram gefüllt. Also das Geld für den sein Klo hätten die sich sparen können. Ich hätte den sein kleinen Haufen immer ordentlich entsorgt. Naja , ihr wisst schon wie. Das Klo von dem ist voll mit den Steinchen und nun kriegt der auch noch was zu essen hingestellt. „Hallo?", es ist Mittags, da gibt's hier nix .Ich muss auch immer bis zum Abendbrot warten bis ich das nächste kriege.

Dreikäsehoch ist auf Zack, der turnt hier durch die Bude , als ob der schon immer hier bei mir wohnen würde. Ich immer hinterher um aufzupassen das der nicht an fremdes Spielzeug geht. Sie schnappt ihn und transportiert den in sein Katzenzimmer, der soll in Ruhe fressen und pullarn können ,ohne das ich daneben stehe. Die Tür zum Katzenzimmer geht zu. Wir drei stehen davor und warten. Da kommt der doch echt sofort durch die Katzenklappe wieder raus. Woher weiß der denn, das der das kann?. Sie schickt den zurück und setzt den auf sein neues Klo. Tür wieder zu. Ich bin mal wieder neugierig und will wissen ob der wirklich auf sein Klo pullart, also beschließ ich auch durch diese Katzenklappe rein zu gehen. Bis zum Hals bin ich gekommen, nun stecke ich fest. Ist wohl eine Nummer zu klein für mich. Ach ja, das die sich beide den Bauch vor Lachen halten, erwähne ich mal nicht.

Endlich, nun kommt Stimmung in die Bude. Karl-Inge ist im Anmarsch. Der steht vor der Türe und schreit das man ihm doch sofort öffnen soll. Ich lehn mich mal nun entspannt zurück und guck zu. Meine beiden haben echte Herzklopfen, was Karl-Inge zu dem Dreikäsehoch sagt. Der darf vorsichtshalber auf ihren Arm. Papilie öffnet die Tür. Der Herr schreitet ein und merkt sofort das hier was Fremdes in unserem Reich ist. Sie kniet sich mit dem Dreikäsehoch zu Karl-Inge auf den Boden. Jetzt wird's blutig!

Ganz ehrlich, ich hätte Karl-Inge als ein bisschen gefährlicher gehalten. Der hat den mal kurz angeguckt und ging sofort weiter. Ist der blöde? Ich höre nur noch wie bei ihr ein Stein purzelt vor Freude. Sie pfeift uns alle zusammen. Immer noch den Dreikäsehoch auf dem Arm erklärt sie uns nun, wie wir uns hier zu benehmen haben, und das der Kleine doch nun keine Muddi mehr hat und wir ab jetzt seine neuen Geschwister sind und auf den aufpassen müssen. Karl-Inge ist das zu doof, der dreht sich um und verschwindet wieder im Garten. Ich höre schon genau hin, ob die noch die Stelle mit dem Spielzeugteilen erwähnt Kommt aber nicht, ich atme auf.

Die erste Nacht mit dem bricht an. Dreikäsehoch soll sich selber ein Schlafplatz suchen. Ihrer Erfahrung nach, schlafen Kater eh nicht da, wo man es für die vorgesehen hat. Er hopst auf die Couch und schnurrt sofort. Ok, das ist geklärt. Wir können nun auch ins Bett. Wenn es hochkommt habe ich 2 Stunden geschlafen. Da merke ich wie irgendwas auf mich rumtrampelt. Ich fass es nicht, was macht der hier im Bette ? Also das geht mir entschieden zu weit. Der wird munter, wenn hier alle im Tiefschlaf sind. Die beiden schnarchen und kriegen von alledem nix mit. Typisch ! Es ist für eine kurze Zeit still, ich sehe den ja nicht, weil es stockdunkel ist .Dreikäsehoch wird sich irgendwo in eine Ecke gelegt haben und schlafen.

Ein Urschrei bricht aus mir raus. Ich steh senkrecht im Bette. Sofort schnallen meine beiden wie eine Rakete aus dem Bett und gucken was passiert ist. Dem Schrei nach, muss es ganz schlimm um mich stehen, dachten die. Das Licht geht an. Ich stehe da, das hintere Bein angehoben und unter mir steht Hubi. Ich habe Angst. Der Blödkopp hat mich grade mit seiner richtigen Muddi verwechselt und wollte bei mir nuckeln. Der hat so scharfe spitze Minizähne. Ich dachte im Halbschlaf mein Brustkorb wird abgeschnitten bei lebendigem Leib. Und in dem Moment versucht der das schon wieder. Meine hebt den sofort aus dem Bette und bringt den wieder eine Etage tiefer auf die Couch. Hubi darf alles, aber das darf er nicht machen bei mir. Das hat die ihm deutlich erklärt auf dem Weg die Treppe herunter. Wir drei liegen wieder und das Licht geht aus. Ich habe Angst das der wieder ins Bette kommt. Und das erste mal im Leben krabbele ich unter die Decke und leg mich ganz dicht an Papilie. Hier findet der mich nicht.

Der nächste Tag ist ein Montag. Die Nacht hat Hubi eine Haufen Dünnpfüff in den Flur auf die Fliesen gelegt. Sie hofft es liegt nur an der Aufregung und der neuen Situation für das Katerbaby. Karl-Inge und ich kriegen Frühstück . Hubi muss zugucken. Und was sehen meine Augen nun? Muddi holt den seine Katerkiste und stopft den wieder rein. Was wird das ? Gerade in dem Moment fing ich an mich an das Katerbaby zu gewöhnen. Nun will sie ihn wieder nach Goch zurück bringen? Nein, ich atme auf. Gerd-Hubert von Goch soll zu meiner Frau Doktor Sie soll nachgucken ob der in Ordnung ist. Ein paar Minuten später sitzen wir im Auto. Hubi darf schon wieder vorne bei ihr sitzen in seiner Box. Das Wartezimmer ist voll. Wir müssen warten. Aber nicht sehr lange und man ruft auf : „ Gerda und Gerd-Hubert bitte! „...alles guckt und grinst. Wir sind gemeint. Ich bin sehr artig und warte das Frau Doktor die große Spritze für Hubi rausholt. Passiert aber nicht. Im Gegenteil, die finden den voll drollig und knuddeln mit dem. Und mich beachtet keiner. Er wird untersucht.

Frau Doktor stellt fest, dass er nicht so alt ist wie man uns gesagt hatte. Er wäre deutlich jünger als 8 Wochen. Hubi bräuchte eigentlich noch seine Katzenmuddi. Können wir nun nicht ändern. Muddi meint, das sie den schon groß gezogen kriegt. Hubi findet die ganze Prozedur nervig und schreit. Besser wird es auch nicht ,wie Frau Doktor nochmals auf sein „Geschlechtsteil" gucken will. Er fühlt sich nicht und darum will sie ihn auch heute nicht weiter ärgern. Sie sagte: „ alles andere machen wir mit, wenn er wieder gesund ist ". Muddi versteht gerade nicht, was sie gucken wollte. Sie hatte ein Kater vermittelt bekommen.

Das dieser Irrglaube noch einige Monate später unser ganzes Leben auf den Kopf stellt, konnte keiner zu diesem Zeitpunkt auch nur erahnen….

So, wer es bis hier her geschafft hat zu lesen, dem sage ich „Herzlichen Dank". Hier endet nun mein „Werk", denn die ganze Stori die ich noch mit Hubi durch leben muss würde den Rahmen hier sprengen. Vielleicht schaff ich das ja mal noch eine Fortsetzung zu schreiben. Für alle die so neugierig sind, ihr könnt auf meiner Facebookseite" Gerda" lesen, was ich mit meinem Hubert...oder besser gesagt mit meiner Hubertine noch durchstehen werde.

Auch wenn meine Muddi hier nicht so gut im Buch bei weggekommen ist...ich kann es nicht ändern, die is nunmal so. Dennoch hab ich meine beiden lieb und bin froh, dass ich bei denen gelandet bin. Heute, wo ich hier am Schreiben der letzten Seite bin, bin ich 3 Jahre und 6 Monate alt.

In dieser Zeit musste ich mich von 3 meiner besten Hundekumpels schon verabschieden, weil die nun bei meinem Pippilotta auf der weissen Wolke wohnen. Irgendwann sehen wir uns wieder liebe Penny aus Italien, Rocky aus Dorsten, Biene aus Gera . Ich hatte verdammt viel Spaß mit euch hier unten.

Ich freu mich auf das was ich noch alles so erlebe und bin mega stolz über so viele Hundekumpels die ich meine Freunde nennen darf.

eure Gerda